Liebe Eltern,

wie viele Jahre betreuen Sie schon Ihr ADS-Kind? Sie spüren sicherlich jeden Tag, dass Sie viel Energie brauchen und auch manchmal an den Grenzen Ihrer Belastbarkeit sind. Hat schon einmal jemand den Scheinwerfer des Interesses auf Sie und Ihre Energiereserven gelenkt?

Wir haben in unserer jahrelangen Unterstützung von ADS-Familien gelernt, dass ein Stressmanagement für Eltern eine zentrale Rolle spielt. Dieser Baustein des ADS-Elterntrainings ist der wichtigste, denn ohne das Coaching durch Eltern erlernen ADS-Kinder keine ausreichenden Kompensationsstrategien. Hierzu brauchen Sie als Eltern nicht nur das Wissen, sondern auch Kraft, aktiv den Alltag zu gestalten und Ihrem Kind auf dem Weg zur Selbstständigkeit zu helfen.

Machen Sie sich fit und probieren Sie Tipps zur Stressreduktion aus, damit der Akku ständig wieder aufgeladen wird und Sie nicht Opfer Ihrer Stressoren werden. Stressbewältigung bedeutet Lebensqualität trotz Belastungssituationen!

Dr. Elisabeth Aust-Claus

ADS. Die TopTipps für Eltern

Stressmanagement für Eltern - die Balance zwischen Muss und Muße!

1 Eltern-Life-Balance

Hier erfahren Sie:

>> Das persönliche Stressprofil

>> Eine Stärke: Ihre persönliche Widerstandsfähigkeit

Stress bringt Schwung ins Leben, aber Dauerstress verursacht Lustlosigkeit!

1.1. Das persönliche Stressprofil

Stress ist heutzutage allgegenwärtig. Wir erleben Stress im Alltag, im Beruf, in der Freizeit und umschreiben damit oft das Gefühl, belastet und unzufrieden zu sein. Nach Umfragen fühlt sich jeder zweite Deutsche mindestens einmal pro Woche gestresst. Jeder dritte leidet persönlich an Stress-Symptomen. Die Weltgesundheitsorganisation (WHO) hat Stress gar zu einer der größten Gesundheitsgefahren des 21. Jahrhunderts erklärt.

Eigentlich hat Stress zwei Seiten: Stress weckt Lebensgeister, bringt Schwung ins Leben und macht fit für Notsituationen. Andererseits kann es problematisch werden, wenn der Stress kein Ende nimmt. Unter Dauerstress breiten sich Müdigkeit und Lustlosigkeit aus. Der Körper schlägt Alarm.

Wie fühlen Sie sich? Aktiv? Gut gelaunt? Gesundheitlich fit? Oder oft müde? Verspannt? Wie belastend finden Sie Ihren Alltag? Empfinden Sie jeden Tag Stress? Sind Sie manchmal mit den Nerven am Ende? Oder haben Sie Ausgleich und sind trotz Belastungen zufrieden und genießen schöne Momente?

Stress in Zahlen

Quellen: TKK, DAK, WHO, Stat. Bundesamt; BiB

Info

- **80% der Deutschen finden ihr Leben stressig.**
- **50% der Erkrankungen und Arbeitsunfähigkeiten in Nord- und Mitteleuropa sind stressbedingt.**
- **Es gibt jedes Jahr mehr als 10 Millionen Krankschreibungstage wegen Burn-out.**
- **75% der Menschen haben am Anfang des Jahres den guten Vorsatz, Stress zu vermeiden und abzubauen.**
- **67% aller Eltern fühlen sich unter Druck, weil sie ihre Erziehungsaufgaben und Entwicklungsförderung nicht optimal bewältigen.**

Analysieren Sie Ihr persönliches Stressprofil, erkennen Sie die wichtigsten Stressoren und Ihre Stärken, dann können Sie einige Belastungen vermeiden. Lernen Sie Energiereserven wieder aufzuladen.

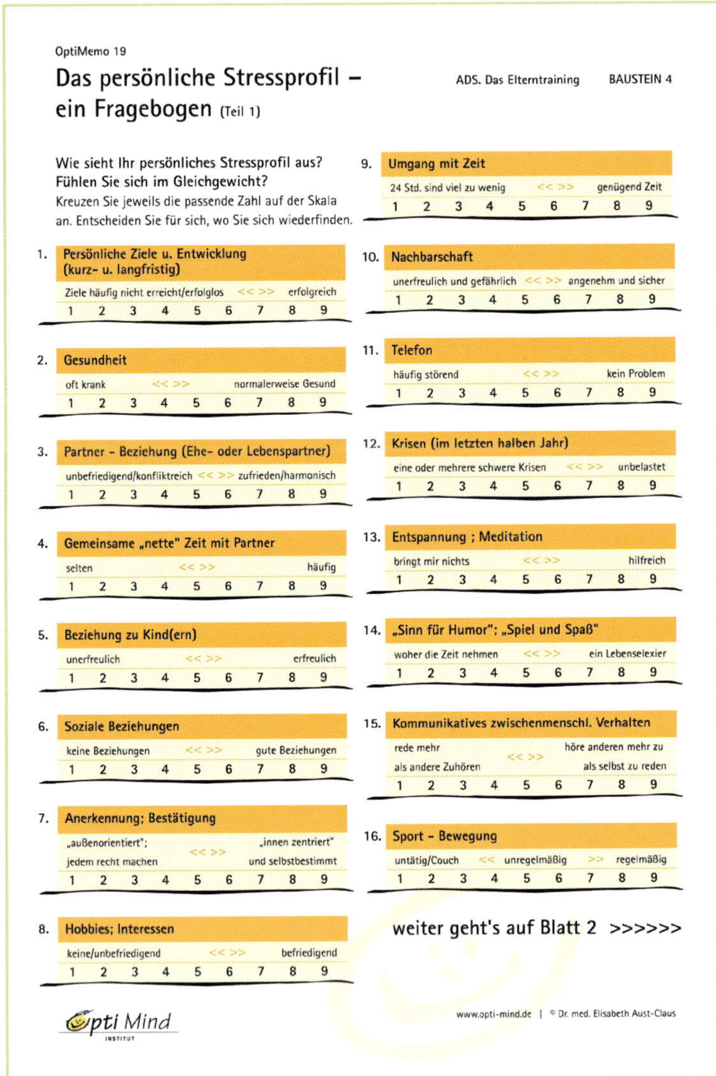

OptiMemo 19

Das persönliche Stressprofil – ein Fragebogen (Teil 1)

ADS. Das Elterntraining BAUSTEIN 4

Wie sieht Ihr persönliches Stressprofil aus? Fühlen Sie sich im Gleichgewicht?
Kreuzen Sie jeweils die passende Zahl auf der Skala an. Entscheiden Sie für sich, wo Sie sich wiederfinden.

1. **Persönliche Ziele u. Entwicklung (kurz- u. langfristig)**
   Ziele häufig nicht erreicht/erfolglos << >> erfolgreich
   1 2 3 4 5 6 7 8 9
2. **Gesundheit**
   oft krank << >> normalerweise Gesund
   1 2 3 4 5 6 7 8 9
3. **Partner - Beziehung (Ehe- oder Lebenspartner)**
   unbefriedigend/konfliktreich << >> zufrieden/harmonisch
   1 2 3 4 5 6 7 8 9
4. **Gemeinsame „nette" Zeit mit Partner**
   selten << >> häufig
   1 2 3 4 5 6 7 8 9
5. **Beziehung zu Kind(ern)**
   unerfreulich << >> erfreulich
   1 2 3 4 5 6 7 8 9
6. **Soziale Beziehungen**
   keine Beziehungen << >> gute Beziehungen
   1 2 3 4 5 6 7 8 9
7. **Anerkennung; Bestätigung**
   „außenorientiert"; jedem recht machen << >> „innen zentriert" und selbstbestimmt
   1 2 3 4 5 6 7 8 9
8. **Hobbies; Interessen**
   keine/unbefriedigend << >> befriedigend
   1 2 3 4 5 6 7 8 9
9. **Umgang mit Zeit**
   24 Std. sind viel zu wenig << >> genügend Zeit
   1 2 3 4 5 6 7 8 9
10. **Nachbarschaft**
    unerfreulich und gefährlich << >> angenehm und sicher
    1 2 3 4 5 6 7 8 9
11. **Telefon**
    häufig störend << >> kein Problem
    1 2 3 4 5 6 7 8 9
12. **Krisen (im letzten halben Jahr)**
    eine oder mehrere schwere Krisen << >> unbelastet
    1 2 3 4 5 6 7 8 9
13. **Entspannung ; Meditation**
    bringt mir nichts << >> hilfreich
    1 2 3 4 5 6 7 8 9
14. **„Sinn für Humor"; „Spiel und Spaß"**
    woher die Zeit nehmen << >> ein Lebenselexier
    1 2 3 4 5 6 7 8 9
15. **Kommunikatives zwischenmenschl. Verhalten**
    rede mehr als andere Zuhören << >> höre anderen mehr zu als selbst zu reden
    1 2 3 4 5 6 7 8 9
16. **Sport - Bewegung**
    untätig/Couch << unregelmäßig >> regelmäßig
    1 2 3 4 5 6 7 8 9

weiter geht's auf Blatt 2 >>>>>>

Opti Mind INSTITUT

www.opti-mind.de | © Dr. med. Elisabeth Aust-Claus

Sie können diesen Stress-Fragebogen und den Auswertungsbogen unter **www.opti-mind.de/Checklisten/Pläne** kostenlos herunterladen und ausdrucken

Kreuzen Sie jeweils die passende Zahl auf der Skala an. Entscheiden Sie für sich, wo Sie sich wiederfinden.

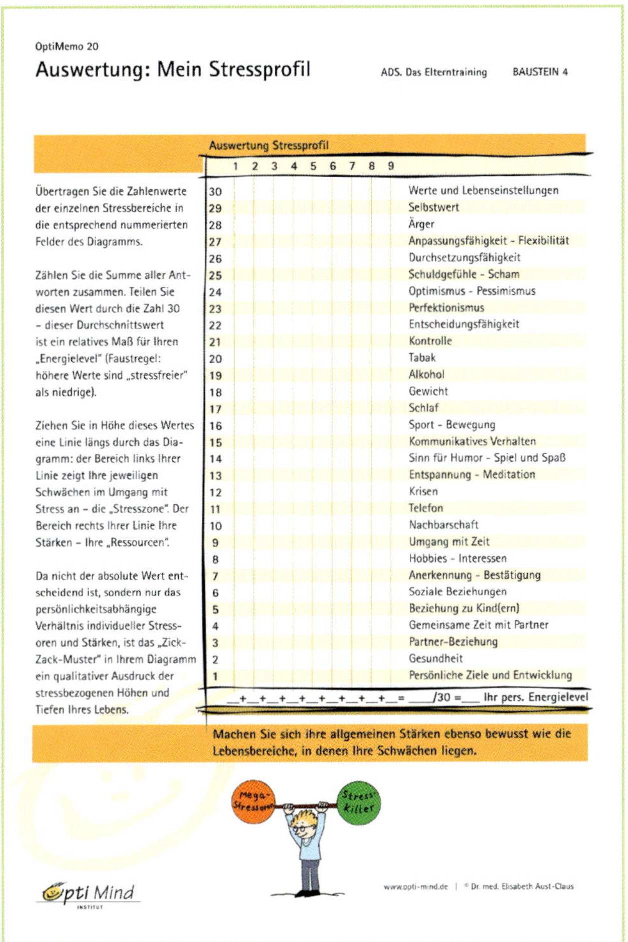

OptiMemo 20

Auswertung: Mein Stressprofil

ADS. Das Elterntraining BAUSTEIN 4

Übertragen Sie die Zahlenwerte der einzelnen Stressbereiche in die entsprechend nummerierten Felder des Diagramms.

Zählen Sie die Summe aller Antworten zusammen. Teilen Sie diesen Wert durch die Zahl 30 – dieser Durchschnittswert ist ein relatives Maß für Ihren „Energielevel" (Faustregel: höhere Werte sind „stressfreier" als niedrige).

Ziehen Sie in Höhe dieses Wertes eine Linie längs durch das Diagramm: der Bereich links Ihrer Linie zeigt Ihre jeweiligen Schwächen im Umgang mit Stress an – die „Stresszone". Der Bereich rechts Ihrer Linie Ihre Stärken – Ihre „Ressourcen".

Da nicht der absolute Wert entscheidend ist, sondern nur das persönlichkeitsabhängige Verhältnis individueller Stressoren und Stärken, ist das „Zick-Zack-Muster" in Ihrem Diagramm ein qualitativer Ausdruck der stressbezogenen Höhen und Tiefen Ihres Lebens.

Auswertung Stressprofil

	1	2	3	4	5	6	7	8	9	
30										Werte und Lebenseinstellungen
29										Selbstwert
28										Ärger
27										Anpassungsfähigkeit - Flexibilität
26										Durchsetzungsfähigkeit
25										Schuldgefühle - Scham
24										Optimismus - Pessimismus
23										Perfektionismus
22										Entscheidungsfähigkeit
21										Kontrolle
20										Tabak
19										Alkohol
18										Gewicht
17										Schlaf
16										Sport - Bewegung
15										Kommunikatives Verhalten
14										Sinn für Humor - Spiel und Spaß
13										Entspannung - Meditation
12										Krisen
11										Telefon
10										Nachbarschaft
9										Umgang mit Zeit
8										Hobbies - Interessen
7										Anerkennung - Bestätigung
6										Soziale Beziehungen
5										Beziehung zu Kind(ern)
4										Gemeinsame Zeit mit Partner
3										Partner-Beziehung
2										Gesundheit
1										Persönliche Ziele und Entwicklung
	__+__+__+__+__+__+__+__+__ = ____/30 = ___ Ihr pers. Energielevel									

Machen Sie sich ihre allgemeinen Stärken ebenso bewusst wie die Lebensbereiche, in denen Ihre Schwächen liegen.

opti Mind INSTITUT

www.opti-mind.de | © Dr. med. Elisabeth Aust-Claus

So erhalten Sie Ihr Stress-Profil:

- Übertragen Sie die Zahlenwerte der einzelnen Stressbereiche in die entsprechenden nummerierten Felder des Diagramms.
- Zählen Sie die Summe aller Antworten zusammen. Teilen Sie diesen Wert durch die Zahl 30 - dieser Durchschnittswert ist ein relatives Maß für Ihren „Energielevel". (Faustregel: höhere Werte sind „stressfreier" als niedrige).
- Ziehen Sie in Höhe dieses Wertes eine Linie längs durch das Diagramm: der Bereich links Ihrer Linie zeigt Ihre jeweilige Schwäche im Umgang mit Stress an - die „Stresszone". Der Bereich rechts der Linie Ihre Stärken - Ihre „Ressourcen".
- Da nicht der absolute Wert entscheidend ist, sondern nur das persönlichkeitsabhängige Verhältnis individueller Stressoren und Stärken, ist das „Zick-Zack-Muster" in Ihrem Diagramm ein qualitativer Ausdruck der stressbezogenen Höhen und Tiefen Ihres Lebens.

>> **Beispiel von Frau M.:**

Das persönliche Stress-Profil grafisch dargestellt:

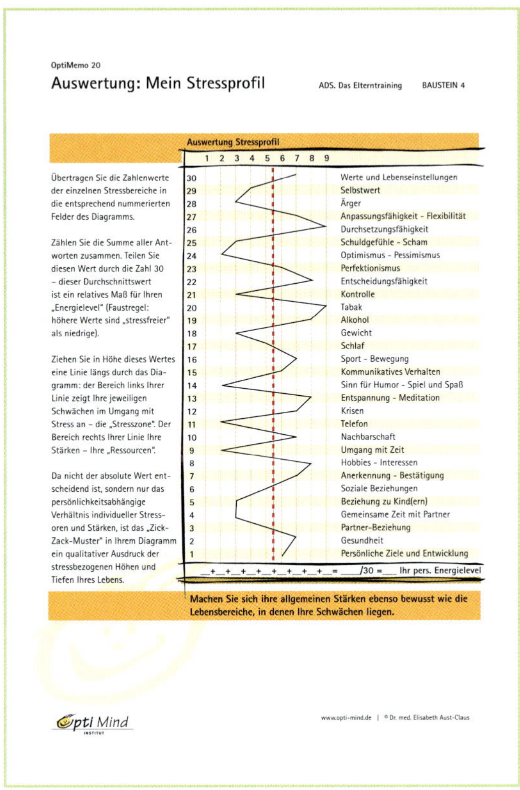

OptiMemo 20

Auswertung: Mein Stressprofil ADS. Das Elterntraining BAUSTEIN 4

Übertragen Sie die Zahlenwerte der einzelnen Stressbereiche in die entsprechend nummerierten Felder des Diagramms.

Zählen Sie die Summe aller Antworten zusammen. Teilen Sie diesen Wert durch die Zahl 30 – dieser Durchschnittswert ist ein relatives Maß für Ihren „Energielevel" (Faustregel: höhere Werte sind „stressfreier" als niedrige).

Ziehen Sie in Höhe dieses Wertes eine Linie längs durch das Diagramm: der Bereich links Ihrer Linie zeigt Ihre jeweiligen Schwächen im Umgang mit Stress an – die „Stresszone". Der Bereich rechts Ihrer Linie Ihre Stärken – Ihre „Ressourcen".

Da nicht der absolute Wert entscheidend ist, sondern nur das persönlichkeitsabhängige Verhältnis individueller Stressoren und Stärken, ist das „Zick-Zack-Muster" in Ihrem Diagramm ein qualitativer Ausdruck der stressbezogenen Höhen und Tiefen Ihres Lebens.

Auswertung Stressprofil

	1 2 3 4 5 6 7 8 9	
30		Werte und Lebenseinstellungen
29		Selbstwert
28		Ärger
27		Anpassungsfähigkeit - Flexibilität
26		Durchsetzungsfähigkeit
25		Schuldgefühle - Scham
24		Optimismus - Pessimismus
23		Perfektionismus
22		Entscheidungsfähigkeit
21		Kontrolle
20		Tabak
19		Alkohol
18		Gewicht
17		Schlaf
16		Sport - Bewegung
15		Kommunikatives Verhalten
14		Sinn für Humor - Spiel und Spaß
13		Entspannung - Meditation
12		Krisen
11		Telefon
10		Nachbarschaft
9		Umgang mit Zeit
8		Hobbies - Interessen
7		Anerkennung - Bestätigung
6		Soziale Beziehungen
5		Beziehung zu Kind(ern)
4		Gemeinsame Zeit mit Partner
3		Partner-Beziehung
2		Gesundheit
1		Persönliche Ziele und Entwicklung

__+__+__+__+__+__+__+__+__= ____/30 =___ Ihr pers. Energielevel

Machen Sie sich ihre allgemeinen Stärken ebenso bewusst wie die Lebensbereiche, in denen Ihre Schwächen liegen.

opti Mind INSTITUT

www.opti-mind.de | © Dr. med. Elisabeth Aust-Claus

Bei Frau M. beträgt der Durchschnittswert - der Energielevel 5,4. Ihre Stressoren liegen in dem Bereich links von der roten Linie. Ihre Stärken rechts. Sie beschließt nach dieser „Bestandsaufnahme" zunächst ihr Zeitmanagement anzugehen. Ihr ist klar geworden, dass sie sich nur gehetzt fühlt, keine Zeit für schöne Dinge des Lebens hat und auch schon seit Monaten nichts Gemeinsames mehr mit ihrem Ehemann unternommen hat. Sie möchte zu einem besseren Ausgleich kommen, indem sie ihre Ressourcen nutzt und sich mehr Zeit für Hobbies und Sport gönnt. In ihrem Zeitplan werden feste Termine für Verabredungen mit Freundinnen notiert sowie für Kinobesuche, Essen gehen etc. mit ihrem Ehemann. Sie erhalten ganz bewusst einen höheren Stellenwert.

Machen Sie sich Ihre allgemeinen Stärken, Ihre Widerstandskräfte ebenso bewusst wie die Lebensbereiche, in denen Ihre Schwächen liegen.

1.2. Eine Stärke: Ihre persönliche Widerstandsfähigkeit

Wie widerstandsfähig und stressunempfindlich sind Sie?

Auf belastende Lebensereigenisse und Umstände reagieren Menschen sehr unterschiedlich. Das hat vor allem mit ihrer individuellen psychischen Widerstandsfähigkeit - der „Resilienz" - zu tun.

Hohe Belastbarkeit bedeutet geringe Stressanfälligkeit. Menschen mit hoher Resilienz reagieren schwächer und weniger schnell auf Stressoren, sie haben weniger ausgeprägte Stressreaktionen und erholen sich obendrein schneller. Bei geringer Belastbarkeit - also bei Menschen mit niedriger Resilienz - ist das Erregungsniveau allgemein erhöht, Stressreaktionen häufen sich und der Organismus reagiert zu intensiv, zu lang andauernd und zu schnell. Widerstandsfähigkeit kann man durch Strategien stärken. Ihre persönliche Resilienz wird Ihnen Widerstandskraft geben, die Sie brauchen, um Herausforderungen in Ihrer individuellen Lebens- und Arbeitswelt zu bewältigen.

Optimisten sehen in jedem Problem eine Chance.

Resilienz-Check:

Psychologen der Universitäten Jena und Leipzig haben diesen Test auf der Grundlage eines amerikanischen Verfahrens entwickelt und an mehr als 2600 Frauen und Männern überprüft.

Test

Check: Wie stressunempfindlich sind Sie?

1 = Nein, ich stimme nicht zu **7** = Ja, ich stimme völlig zu

Welche Aussagen treffen bei Ihnen zu?

1 2 3 4 5 6 7	Wenn ich Pläne mache, verfolge ich sie auch
1 2 3 4 5 6 7	Normalerweise schaffe ich alles irgendwie.
1 2 3 4 5 6 7	Ich lasse mich nicht so schnell aus der Bahn werfen.
1 2 3 4 5 6 7	Ich mag mich.
1 2 3 4 5 6 7	Ich kann mehrere Dinge gleichzeitig bewältigen.
1 2 3 4 5 6 7	Ich bin entschlossen.
1 2 3 4 5 6 7	Ich nehme die Dinge, wie sie kommen.
1 2 3 4 5 6 7	Ich behalte an vielen Dingen Interesse.
1 2 3 4 5 6 7	Normalerweise kann ich die Situation aus mehreren Perspektiven betrachten.
1 2 3 4 5 6 7	Ich kann mich auch überwinden, Dinge zu tun, die ich eigentlich nicht machen will.
1 2 3 4 5 6 7	Wenn ich in einer schwierigen Situation bin, finde ich gewöhnlich einen Weg heraus.
1 2 3 4 5 6 7	In mir steckt genügend Energie, um alles zu machen, was ich machen muss.
1 2 3 4 5 6 7	Ich kann es akzeptieren, wenn mich nicht alle Leute mögen.

Summe:

Auswertung „Wie stressunempfindlich sind Sie?":

Bis 58 Punkte:
Ihre Widerstandsfähigkeit (Resilienz) ist nicht sehr ausgeprägt. Das heißt jedoch nicht, dass Sie den Schwierigkeiten des Lebens schutzlos ausgeliefert wären. Aber sie benötigen wahrscheinlich eher psychologische Hilfe als andere, die der gleichen Belastung ausgesetzt sind, und sollten diese auch in Anspruch nehmen.

59-82 Punkte:
Sie verfügen über eine mehr oder weniger durchschnittliche Widerstandskraft. Normalerweise können Sie auch mit schwierigen Situationen umgehen und kommen nach einiger Zeit von selbst wieder auf die Beine.

Ab 83 Punkten:
Sie wirft so schnell nichts um. Sie besitzen die Fähigkeit, auf Schicksalsschläge flexibel zu reagieren und eine Strategie zu finden, die der Lage angemessen ist. Wenn Sie eine schwierige Lage nicht ändern können, gelingt es Ihnen meist, sie zu akzeptieren.

Quelle: Karena Leppert u.a., Zeitschrift für klinische Diagnostik und Evaluation 2008, S 226-243.

Auch Sie können besser Ihr inneres Gleichgewicht finden, wenn Sie die Bedingungen von Stressreaktionen, Ihre individuellen Stressoren kennen und Ihre persönlichen Stärken (Resilienz) analysieren. Stress ist individuell verschieden und wird durch drei Faktoren beeinflusst:

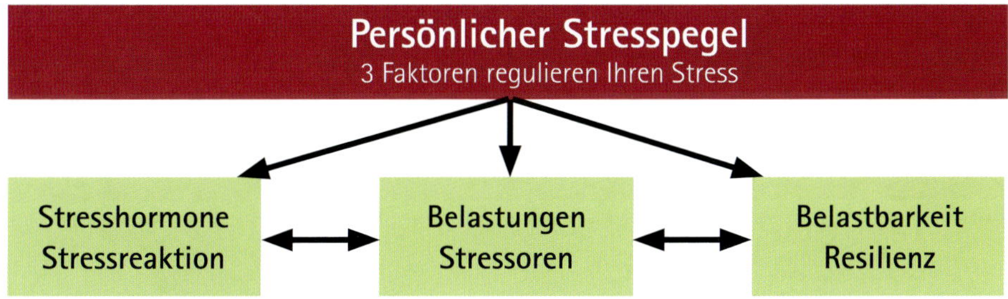

2 Das Phänomen Stress

Hier erfahren Sie:

>> Stress aktiviert Höchstleitung oder forciert Erschöpfung

>> Disstress – Stressreaktionen im Dauereinsatz

Power oder Erschöpfung?

2.1. Stress aktiviert Höchstleitungen oder forciert Erschöpfung

Es gibt zwei Arten von Stress: Eustress (griechisch eu = gut) und Disstress (negativer Stress). Stress kann als toll empfunden werden, man ist dann energiegeladen und meistert Aufgaben mit Höchstleistungen. Andererseits kann Stress uns Energie rauben und wir fühlen uns dann müde, angespannt und gereizt.

Stress hat zwei Seiten:

1. angenehme, positive Aspekte:

- Stress kann uns aktivieren, kann uns beflügeln, kann das Leben interessant machen und uns Power geben.
- Stress ist die Würze des Lebens. Aber bei allen Gewürzen kann es auch ein Zuviel geben.

2. lästige, negative Aspekte:

- Stress raubt uns nicht nur die Seelenruhe, sondern auch unsere Energie und ist Mitverursacher von chronischen Krankheiten.
- Dauerstress lähmt uns.

Warum spüren Sie Stress als belebende Energie oder auch als Erschöpfung? Verantwortlich für diese Gefühle und körperlichen Reaktionen sind unsere Stresshormone. Für Stresssituationen sind wir mit unseren Hormon-Regulationssystemen gut programmiert: Unser Gehirn schlägt Alarm und aktiviert die Ausschüttung der Stresshormone Adrenalin und Cortisol. Wir können dadurch Höchstleistungen bringen und Situationen schnell meistern.

Stress ist eine natürliche Reaktion Ihres Körpers und Geistes, die Sie auf Bedrohungen oder Anforderungen bestens vorbereitet. Jeder ist Tag für Tag einem gewissen Stressniveau ausgesetzt, wodurch Energien freigesetzt werden.

Am Beispiel unserer steinzeitlichen Vorfahren wird dies besonders gut deutlich. Die Ausschüttung der Stresshormone haben Leben gerettet. **Adrenalin** und **Cortisol** aktivierten wichtige Körperfunktionen und mobilisiertsen immense Kräfte, damit ein Kampf mit einem Bären überhaupt gewonnen werden konnte oder auch die rechtzeitige Flucht gelang. In Sekundenschnelle sind wir durch die Ausschüttung der Stresshormone in der Lage, Gefühle zu regulieren und Energiereserven mobil zu machen.

Info!

Stresshormone regulieren unmittelbar in Stresssituationen körperliche Aktivitäten:

- Energiereserven des Körpers, Zucker und Fett, werden geplündert.
- Das Herz schlägt schneller und der Blutdruck steigt an, die Muskeln erhalten damit mehr Sauerstoff.
- Wir schwitzen mehr.
- Hör- und Sehvermögen werden schärfer.
- Verdauungsprozesse werden unterbrochen, damit der Körper mehr Energie für die Muskeln zur Verfügung hat.
- Immunabwehrleistung wird heruntergefahren, um verfügbare Energien zu steigern.
- Bedürfnis nach Schlaf und Essen wird abgeschaltet.
- Schmerzempfindung wird vermindert, Denk - und Gedächtnisleistung verbessern sich.

Auch heute profitieren wir noch täglich von der Wirkung der Stresshormone. Diese Reaktionen sind zunächst durchaus sehr wünschenswert. Sie bringen uns in eine positive Stimmung und fördern Aktivitäten mit allen Sinnen. Anforderungen werden als Herausforderung erlebt, die man kompetent meistern kann.

Aber auch hier ist ein Zuviel problematisch. Bei Dauerausschüttung dieser Stresshormone können sie das Gegenteil bewirken: wir fühlen uns müde, ausgelaugt, haben zu nichts mehr Lust und leiden unter körperlichen Beschwerden. Die Balance kippt und wir empfinden Stress als unangenehm. Bei dieser „Dauerstress-Reaktion" werden auch Anforderungen anders bewertet. Sie werden jetzt als unangenehm und belastend erlebt. Man fühlt sich nicht mehr kompetent für Lösungen, sondern hilflos der Situation ausgeliefert.

Stress ist angenehm, wenn die Ausschüttung der Stresshormone auf eine kurze Zeit beschränkt ist. Wir brauchen dann wieder eine ruhigere Phase, in der alles wieder in seinen normalen Rhythmus kommt.

Summation von Alarmreaktionen mit steigendem Stresspegel

zu kurze Stressabbauphasen

2.2. Disstress - Stressreaktionen im Dauereinsatz

Wird die Aktivierung der Stresshormone überstrapaziert, bleiben auch die „körperlichen Alarmreaktionen" in vollem Gang und unser Akku entleert sich.

Wenn Puls und Blutdruck auf diesem hohen Niveau bleiben, kann daraus eine Kreislauferkrankung resultieren. Oder die Muskeln halten ein hohes Aktivitätsniveau, ohne dass wir uns wie unsere Vorfahren im Kampf gegen einen Bären bewegen oder schnell rennen. Die Muskeln arbeiten also trotzdem: Wir spüren dann Muskelverspannungen, die zu Rücken- und Kopfschmerzen führen können. Wenn der Energielevel in den negativen Bereich rutscht, sind wir müde und die Denkprozesse werden langsamer. Die Merkfähigkeit lässt nach, wir sind nicht mehr gut belastbar und fühlen uns deprimiert.

Info!

Warnsignale, wenn Stresshormone zu lange aktiv sind

- Verspannte Muskeln
- Kopfschmerzen
- Reizbarkeit und Ärger
- Schlafstörungen
- Müdigkeit
- Konzentrationsschwierigkeiten
- ständige Infektionen, Erkrankungen, Hautausschläge oder Magen-Darmbeschwerden
- Gefühl der Überlastung, Burn-out-Gefühl

Wie empfinden Sie momentan Ihre körperlichen Stressreaktionen? Sind diese in einer guten Balance oder überwiegt die Dauerstimulation Ihrer Stresshormone?

Wenn Sie sich und Ihre körperlichen Reaktionen gut kennen, werden Sie auch frühzeitig Alarmsignale bei Überbeanspruchung spüren. Dann ist es höchste Zeit dagegen zu steuern und Stressoren zu reduzieren.

Situations-Analyse

Keine Strategie ohne vorausschauende Analyse. Was empfinden Sie als anstrengend, wann sind Sie entspannt und tanken Energie auf? Wie reagieren Sie körperlich bei Stress? Was spüren Sie? Was tut gut? Wann und wie haben Sie Wohlfühlmomente? Was nehmen Sie sich vor, um öfter angenehme Momente zu erleben?

Nehmen Sie Warnsignale und Wohlfühlmomente bewusst wahr

	Was spüre ich?	Bei welcher Tätigkeit?	Was nehme ich mir vor?
Warnsignale			
Wohlfühlmomente			

Test

ALNATURA
Sanddorn Orange
BIO

3

3 Typische Mega-Stressoren bei Eltern

Hier erfahren Sie:

>> Super-Familie, oder?

>> Die Sorgen-Hitliste

>> Stress oder eine gute Balance

Harmonie oder täglich Stress in der Familie?

Eltern von ADS-Kinder fühlen sich oft gestresst

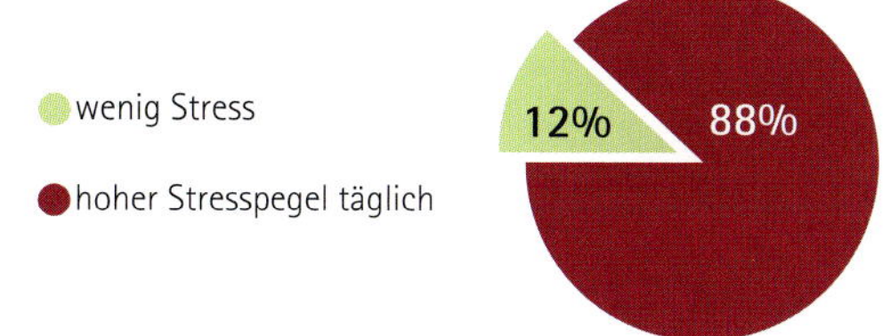

In einer internationalen Befragung von Eltern von ADS-Kindern (World Federation of Mental Health (WFMH) „Without Boundaries- Challenges and Hopes for Living with ADHD in International Survey, 2004" wird sehr deutlich, dass sie sich sehr unter Druck fühlen. Obwohl 74% der Eltern mit der Therapie und der Medikation ihres Kindes zufrieden sind, geben 88 % der Eltern an, dass sie sich Sorgen um die Zukunft machen und sich täglich stark gestresst fühlen. Eltern von ADS-Kindern, die nicht gut therapiert werden, haben natürlich noch größere Probleme.

>> **Frau S. schreibt:**

Wir haben Zwillinge. Oliver ist unser „Problemkind". Zwischen dem 5. und 6. Lebensjahr hatte ich die Hölle auf Erden. Ich habe jeden Tag nur geheult und wusste mir nicht mehr zu helfen. Ich bin schon öfters wegen Oliver total ausgerastet, was mir immer unendlich leid tat. Jeder hat uns getröstet und gemeint: Zwillinge kosten anfangs viel Energie und dann wird es besser, wenn sie größer werden.

Schön wär`s. Es wird eigentlich immer schlimmer. Oliver hält sich an keine Regel, ärgert seine Schweser und hat in der Schule ständig Streit. Andere Familien gehen uns deshalb schon aus dem Weg. Niemand will mit uns zu tun haben. Ich glaube, es ist noch kein Tag vergangen, an dem ich mir nicht vorgeworfen habe, was ich doch für eine schlechte Mutter bin. Und ich bin gerne Mutter. Ich wollte sogar immer eine große Familie haben.

>> **Herr M. fragt sich:**

Wie können wir wieder Harmonie ins Familienleben bringen? Wir haben schon zwei Fachleute aufgesucht und sind durch die Erziehungsberatung noch mehr verzweifelt. Haben wir alles falsch gemacht und sind Schuld, dass Marcel immer tobt, wenn er seinen Willen nicht durchsetzen kann? Im Job habe ich keine Probleme, als Teamleiter mit zehn Mitarbeitern zu kommunizieren und auch unbequeme Aufgaben zu meistern. Verständnis, Konsequenz oder auch mal Nachgeben scheinen bei Marcel nichts Positives zu bewirken. Ich bekomme schon jeden Abend Magenbeschwerden, wenn ich nach Hause gehe, weil es eigentlich täglich Geschrei gibt.

>> **Frau T. klagt:**

Es geht bei uns nicht nur mal einen Tag drunter und drüber, sondern wir haben schon über Jahre jeden Tag viele Baustellen gleichzeitig. Auch für mich als Multitasking-Powerfrau ist es zuviel. Ich habe nur noch Kopfschmerzen, fühle mich total getrieben und kann auch nicht mehr schlafen...

Erinnern Sie sich an das Kapitel 1.2 im ersten TopTipp-Heft „Erziehung und Förderung des Selbstbewusstseins Ihres ADS-Kindes"? Eltern von ADS-Kindern haben zunächst eine Menge Stress und fühlen sich überfordert. Durch das ADS-Elterntraining und das Wissen, wie Sie mit den typischen Schwierigkeiten Ihres ADS-Kindes besser umgehen können, gewinnen Sie wieder Zuversicht und Zufriedenheit.

Sie sehen Schwierigkeiten nicht mehr als bedauernswertes Schicksal oder als Elternversagen, sondern nehmen die ADS-Problematik als Herausforderung an. Sie werden Akteur für gute Lösungen und freuen sich über positive Erlebnisse. Sie bleiben nicht in Ärgergedanken hängen, sondern richten den Blick auf neue Ziele.

In diesem 4. Baustein des ADS-Elterntrainings stehen Sie im Mittelpunkt als Eltern, die nicht nur Strategien zur Kompensation der ADS-Problematik in den Alltag integrieren, sondern sich auch aktiv um Ihr Stressmanagement kümmern. Sie brauchen eine gute Eltern-Life-Balance, um nicht frühzeitig aufzugeben. Die Begleitung eines ADS-Kindes ist kein Sprint, sondern eher mit einem Marathonlauf zu vergleichen. Es lohnt sich. Sie werden stolz und zufrieden sein, wenn Ihr Kind mit Ihrer Unterstützung seine Ziele erreicht und zufrieden und glücklich ist, wie Cosima, Sophie, Oliver und Philipp, die Sie im 3. TopTipp-Heft „Therapie bei ADS - Erfolge ermöglichen" kennen gelernt haben.

Die Begleitung eines ADS-Kindes ist kein Sprint, sondern eher mit einem Marathon zu vergleichen.

Belastungen und Stressoren dirigieren die Aktivität der Stresshormone. Sie sind der zweite Faktor in der Regulierung Ihres persönlichen Stresspegels. Es lohnt sich, diese genau unter die Lupe zu nehmen und zu überlegen: Wie kann ich sie reduzieren, welche Stresskiller brauche ich?

3.1. Super-Familie, oder?

Wie sieht Ihre Familien-Realität aus? Wie würden Sie die folgenden Fragen beantworten:

- Haben Sie auch so eine harmonische Frühstückssituation sonntags?
- Ist der Sonntag für Sie entspannter als ein Montag?
- Freuen sich alle auf den gemeinsamen Sonntagssparziergang und den Besuch bei der Oma?
- Kommunizieren alle beim Essen nett miteinander?
- Ist der Familienurlaub schöner als der Alltag?
- Welche Vorstellung hatten Sie von einer Idealfamilie, als Sie noch keine Kinder hatten?
- Wie weit liegen Ihre Idealvorstellung und Ihre jetzige Realität auseinander?

Welche Antworten finden Sie? Vielleicht geht es Ihnen auch so, dass die strukturierten Wochentage stressfreier sind als die Sonn- und Urlaubstage. Vielleicht stellen Sie fest, dass auch Sie die Super-Familie als Wunschtraum im Hinterkopf haben und mit Ihrer jetzigen Situation völlig unzufrieden sind. Sie erfüllen kein Kriterium dieser Klischeevorstellung, weil Sie sich wegen Erziehungskonflikten von Ihrem Partner getrennt haben, Ihr Kind stur und wenig kommunikativ ist, es nur Streit und Vorwürfe bei der Oma gibt und von Harmonie im Alltag wenig zu spüren ist?

Natürlich gibt es die Super-Familie in der Realität auch für andere nicht. Alle Eltern kennen Situationen, in denen sie mit ihrer Rolle hadern. Nur Eltern von ADS-Kindern haben es besonders schwer, vor allem, wenn sie noch sehr wenig über die Besonderheiten von ADS wissen und sich selbst viele Vorwürfe machen. Sie sind dann noch empfänglicher für abwertende Kritik anderer, die das Verhalten Ihres Kindes kommentieren und Ihnen eine Versagerrolle als Eltern zuschreiben wollen.

Die besondere Herausforderung

Die Rolle als Eltern ist wahrscheinlich schwieriger als jeder andere verantwortungsvolle Job. Jeder Tag bietet neue Überraschungen und ganz besonders viele, wenn Sie ein ADS-Kind auf seinem Entwicklungsweg begleiten. Sie müssen nicht nur erziehen, auch gegen Widerstände Regeln durchsetzen, sondern ganz gelassen sein, wenn Ihr Kind missgelaunt ist oder tobt. Natürlich sind Sie bei Problemen der Tröster, hören zu und fördern das Selbstbewusstsein Ihres Kindes. Sie als Mutter managen in der Regel den Haushalt, sorgen für gesunde Ernährung, helfen beim Lernen und erledigen ganz selbstverständlich auch noch Ihre beruflichen Aufgaben. Wie schaffen Sie es, Ihre zahlreichen Rollen unter einen Hut zu bringen?

Wie geht es Ihnen als Vater? Haben Sie Zeit genug, die Lebenswelt Ihres Kindes, Ihrer Partnerin mitzubekommen und mitzugestalten? Oder sind Sie im Job so eingespannt, dass Sie abends spät nach Hause kommen und eigentlich nur Ruhe brauchen. Finden Sie passende Lösungen für nette Zeiten miteinander? Oder sind Sie vielleicht froh, nicht ständig präsent zu sein, weil es sowieso immer Streit gibt? Provoziert das unangemessene Verhalten Ihres Kindes Auseinandersetzungen und gegenseitige Vorwürfe?

5 Gründe, warum der Stresspegel bei Eltern eines ADS-Kindes zunächst hoch ist:

1. Sie haben nicht nur für ein zeitlich begrenztes Projekt eine schwierige Aufgabe, sondern Sie haben für 24 Stunden am Tag und über viele Jahre diese besondere Herausforderung.

2. Sie sind die engste Bezugsperson Ihres Kindes und füllen unterschiedliche Rollen aus: Sie haben für alle Sorgen ein offenes Ohr, sind oft Trostspender und Mutmacher, geben aber auch Verhaltensleitlinien vor, zeigen Grenzen auf und trainieren mit Ihrem Kind, unbequeme Aufgaben zu erledigen.

3. Sie sind bei Ihrem Kind „Motivationstrainer", damit Lern- und Schulprobleme gemeistert werden. Sie müssen immer wieder die Nerven behalten und Energie aufbringen, dass Ihr Kind Hausaufgaben und Klassenarbeiten effizient vorbereitet und sich nicht durch das Lustprinzip leiten lässt. Der Erfolg und die guten Ergebnisse sind nicht immer sofort sichtbar, oft erst nach mehreren Jahren.

4. Ihr Kind hat das Handicap ADS. Sie müssen sich intensiv mit dem Thema beschäftigen, Besonderheiten verstehen lernen und Bewältigungsstrategien in den Alltag integrieren. Das kostet auch zeitlich eine Menge Ihrer Ressourcen.

5. Sie bekommen für Ihr Engagement kein zeitnahes Lob oder Anerkennung. Im Gegenteil, Ihr Kind ist nicht begeistert, Unbequemes zu tun, es gibt Streit und leider oft viel Kritik in Ihrer Elternrolle durch andere, die Ihnen als Eltern die Schuld für Probleme geben.

Werden Sie für Ihren Einsatz direkt gelobt? In der Regel nicht! Sie erfahren zunächst beim Eintrainieren der Kompensationsstrategien Widerstände und erreichen Ziele nicht durch Einsicht Ihres Kindes, sondern nur durch konsequentes, liebevolles Coaching.

Das Lob für Ihren Einsatz bekommen Sie in der Regel erst, wenn Ihr Kind selbstständig und erwachsen ist. Also wie können Sie durchhalten und sich selbst motivieren, wenn auch vieles noch nicht optimal klappt?

Ihre Aufgabe wird leichter, wenn Sie Grundregeln in der Erziehung und Begleitung Ihres ADS-Kindes berücksichtigen und sich die ADS-Problematik durch effiziente, therapeutische Hilfen kompensiert. Viele Tipps und Beispiele für ein Gelingen finden Sie in den ersten drei Heften „ADS.Die TopTipps für Eltern 1-3". Damit haben Sie schon den ersten Schritt getan. Vieles klappt sicherlich auch schon besser, nur alle Stressoren lassen sich nicht völlig abschaffen.

3.2 Die Sorgen-Hitliste

Ich habe Ihnen hier einmal eine Auswahl von typischen Mega-Stressoren aufgelistet, die von Eltern im ADS-Elterntraining als Beeinträchtigung empfunden werden:

>> *„Die Erziehung meines Kindes ist jeden Tag eine große Herausforderung. Ich muss jede Regel 200mal wiederholen, und auch dann wird sie nicht immer befolgt."*

>> *„Ich soll immer vorausdenken und Pläne machen, obwohl mir das überhaupt nicht liegt. Ich habe mir selbst ein anderes Lebenskonzept vorgestellt und wollte immer Partner meiner Kinder sein. Ich habe jetzt besonders Stress, weil ich merke, dass ich nicht alles mit meinem Kind besprechen und diskutieren kann, sondern auch Vorgaben machen muss."*

>> *„Mir macht es Stress, immer konsequent sein zu müssen."*

>> *„Wir haben Beziehungsstress und ständig Auseinandersetzungen. Alles dreht sich nur noch um Max."*

>> *„Wenn ich einmal Zeit für mich habe, kann ich diese nicht positiv nutzen, weil Sorgen und Gedanken über Sophie in meinem Kopf kreisen. Ich mache mir dann solch einen Stress, dass ich die Zukunft nur schwarz sehe und innerlich fast verzweifelt bin."*

>> *„Darf ich überhaupt an mich denken? Mir fehlt mein Beruf. Ich traue mich nicht, meine Berufstätigkeit wieder aufzunehmen, weil ich sonst noch mehr Vorwürfe bekomme und das Gefühl habe, als Mutter völlig zu versagen."*

>> *„Ich habe Stress und fühle mich als „Rabenmutter", wenn ich nicht alles selbst mache."*

>> *„Ich habe fast keine Energie mehr, weil jeden Tag neue Probleme wie Unkraut aus dem Boden sprießen."*

>> *„Mich kostet es enorm viel Energie, immer wieder Lehrer zu motivieren, sich mit den besonderen Problemen meines Kindes auseinanderzusetzen und Rücksicht zu nehmen."*

>> *„Ich hoffe immer, im Urlaub endlich entspannen zu können und auch einmal auszuruhen, aber die letzten Urlaube mit der ganzen Familie waren immer ein Desaster."*

>> *„Mich stresst es, immer für alles verantwortlich gemacht zu werden und die „Buh-Frau" zu sein."*

>> *„Mir geht es besonders schlecht, wenn ich selber ausgeflippt bin und herumgeschrien habe."*

>> *„Ich habe nur noch Haushalt, Kinder, Hausaufgaben."*

>> *„Ich habe nie Zeit, mich mit einer Freundin zu unterhalten oder zum Sport zu gehen, weil mich der Alltag auffrisst und alles an mir hängen bleibt."*

>> *„Ich kann mit niemandem über die Probleme mit meinem Kind reden, weil dann doch nur wieder die elende Diskussion über die Medikamente losgeht."*

>> *„Mir ist das Verhalten von Philipp so peinlich, dass ich alle Einladungen abblocke. Mittlerweile gehen wir nirgendwo mehr hin."*

>> *„Jeder Anruf aus der Schule und jeder Elternsprechtag sind für mich Stress pur. Vor jedem Gespräch habe ich rasende Kopfschmerzen und fühle mich nur Vorwürfen ausgesetzt."*

>> *„An manchen Tagen denke ich: das schaffe ich nie, wie lange soll ich mich noch um alles kümmern?"*

„Manchmal denke ich: das schaffe ich nie!"

>> *„Bei uns gibt es bei jeder Mahlzeit nur Geschrei. Alle sind geladen und keiner findet ein liebes Wort für den andern. Ich gehe auch in die Luft, obwohl ich das nicht will."*

>> *„Ich kann nicht abschalten und grüble noch nachts weiter. Das raubt mir den Schlaf."*

>> *„Der Tag ist von morgens bis abends hektisch, ich habe noch nicht einmal Zeit, in die Zeitung zu schauen. Ständig will jemand etwas von mir."*

Welches sind ihre Mega-Stressoren? Was können Sie diesen entgegensetzen?

Schreiben Sie diese Stressoren auf. Vielleicht können Sie einige dann streichen, wenn Sie gezielt Stress-Killer ausprobieren. Im nächsten Kapitel stelle ich Ihnen bewährte Stress-Killer vor. Finden Sie heraus, was für Sie am besten passt.

Bevor Sie diese Tipps ausprobieren, machen Sie sich noch einmal klar, wie Ihre persönliche Balance momentan aussieht und wie Sie sie empfinden.

3.3 Stress oder eine gute Balance

Ein stressfreies Leben zu führen ist eigentlich nicht wünschenswert und unrealistisch. Es wäre viel zu langweilig und eintönig. Wichtig ist dabei nur, seine persönliche Balance zwischen Stressoren und Stress-Killern auszutarieren. Dann fühlen wir uns ausgeglichen und energiegeladen.

Wie sieht Ihre persönliche Balance aus? Fühlen Sie sich gestresst und ausgelaugt? Haben Sie schon Schritte unternommen, um sich wohler zu fühlen?

Welche Antworten finden Sie auf folgende Fragen:

- Woran merken Sie, dass Ihre Balance zwischen Muss und Muße im Ungleichgewicht ist?
- Wie spüren Sie körperlich, dass ihre Waage leider auf der Seite der Mega-Stressoren zu viel Gewicht hat?
- An was merken Sie körperlich, dass Sie Stress im Griff haben?
- Registrieren Sie positive Momente und erleben Sie Phasen, in denen Sie sich wohl fühlen?

Sie bekommen mit dieser Analyse ein sicheres Gefühl, wann ihre Balance kippt, Sie sich gestresst fühlen oder wann Sie das richtige Maß zwischen Belastung und Entspannung gefunden haben.

Auf der linken Waagschale fallen die „Mega-Stressoren" ins Gewicht und auf der rechten Seite die „Stress-Killer". Dies können persönliche Ressourcen sein, günstige Bedingungen oder auch gute Strategien zur Stressbewältigung.

Haben Sie für sich schon gute Rezepte gefunden, um Stressreaktionen zu begrenzen? Oder fühlen Sie sich ständig unter Druck?

Oft beherrschen wir schon hilfreiche Lösungstechniken und haben lediglich das Problem, unsere Kompetenz in der als schwierig erlebten Situation auch zu nutzen. Andere Fähigkeiten sind noch nicht ausreichend vorhanden und sollten gezielt entwickelt werden. Checken Sie Ihre Kompetenzen und Stressunempfindlichkeit und probieren einige Stress-Killer aus. Vorher machen Sie sich noch einmal klar, was Stress eigentlich ist und wie man ihn spürt, dann können Sie noch gezielter Strategien für sich finden. Analysieren Sie Ihre positiven Erlebnisse und glücklichen Momente. Je bewusster Ihnen diese sind, umso mehr werden Sie nach diesen streben. Stress wird individuell sehr unterschiedlich empfunden und jeder braucht für sich passende Stress-Killer. Finden Sie die besten für sich heraus.

Am besten jetzt und sofort Strategien nutzen nach dem Motto: Wenn nicht jetzt, wann dann?

Zufriedenheit und Glücksmomente

Schöne Empfindungen hinterlassen Spuren im Gehirn. Nicht nur Psychologen, Soziologen, Philosophen, Genetiker und Ökonomen forschen zum Thema „Zufriedenheit und Glück", sondern auch Neurowissenschaftler. Sie versuchen, die Bedingungen zu analysieren, die dazu führen, dass Menschen trotz schwieriger Bedingungen in der Lage sind, Positives wahrzunehmen und mit sich zufrieden zu sein.

Info!

Spuren im Gehirn

In der Biochemie des Gehirns lassen sich 3 Arten von Glück unterscheiden, jede gefördert von bestimmten Botenstoffen:

- Das Glück des Wollens: Wenn wir nach etwas streben, stellt Dopamin die Belohnung in Aussicht, Endorphine lösen dabei Euphorie aus.
- Das Glück des Vermeidens: Wenn wir einer Bedrohung entgehen oder sie überstehen, führt das Sinken des Cortisol- und Adrenalinspiegels zur Entspannung.
- Das Glück des Seins: Wenn wir haben, was wir brauchen, sorgt körpereigenes Morphium für Zufriedenheit, Serotonin für Beruhigung und Oxytocin für ein Gefühl der Verbundenheit mit anderen.

Unser Gehirn verändert sich das ganze Leben lang, in jedem Alter. Seine Fähigkeit zum ständigen Umbau nennen die Neurowissenschaftler „Plastizität". Genau wie alle anderen Erfahrungen hinterlassen auch Gefühle wie Glück, Traurigkeit oder Angst ihre Spuren im Gehirn: Die Kontaktstellen zwischen den einzelnen Nervenzellen, die Synapsen, verstärken sich, ganz neue Nervenbahnen werden gebildet und bereits bestehende stärker mit Myelin umhüllt, woraufhin sie Signale schneller weiterleiten können – genau das ist es, was wir als Lernen bezeichnen.

Dies bedeutet nichts anderes, als dass man Zufriedenheit selbst beeinflussen und zum Teil erlernen kann.

Suchen und erspüren Sie Momente, die Ihnen gut tun!

Welchen Eltern gelingt die Balance am allerbesten?

Aus meiner Praxiserfahrung in der jahrelangen Begleitung von Familien mit ADS-Kindern und wissenschaftlichen Untersuchungen haben Eltern mit folgenden Einstellungen viele Wohlfühlmomente und eine gute Lebensqualität:

- Sie sind optimistisch und glauben, dass „Krisen" zeitlich begrenzt sind und wissen um ihre Fähigkeiten.
- Sie denken: „Nobody is perfect". Sie wissen, dass Sie mit der Fülle von Aufgaben jonglieren und nicht alles sofort perfekt gelingt.
- Sie setzen persönliche Prioritäten und lassen sich durch Klischee-vorstellungen in Werbung und Fernsehen nicht verunsichern.
- Sie haben ein „dickes Fell". Sie nehmen sich nicht alles zu Herzen und grübeln nicht ständig, wer an allem Schuld sein könnte.
- Sie suchen Ausgleich und schöne Momente im Alltag und zu zweit. Es müssen sich nicht jede Minute alle Gedanken um Kinder, Schule und Probleme drehen.
- Sie suchen sich Hilfen, können delegieren und haben nicht den Anspruch: Nur was ich selbst mache, ist gut. Sie bauen Netzwerke auf.
- Sie sind lösungsorientiert und fühlen sich nicht in der Opferrolle.

Wichtig zu wissen!

4 TopTipps für Stress-Killer

Hier erfahren Sie:

>> Stress-Killer – Die Gegenspieler

>> Die physiologischen Stress-Killer

>> Die mentalen Stress-Killer

Das Ziel: Zufriedenheit und eine gute Stress-Balance!

4.1. Stress-Killer – Die Gegenspieler

Es gibt verschiedene Arten von Stress-Killern, die für eine gute Balance sorgen. Einige können die Stresswaage sehr schnell wieder ins Lot bringen, weil sie einen unmittelbaren Einfluss auf die körperlichen Stressreaktionen haben. Sie können nicht nur die Ausschüttung der Stresshormone reduzieren, sondern auch die Wirkung der Stresshormone neutralisieren.

- Sport und Bewegung
- Entspannungsübungen, Meditation

Diese Stress-Killer setzen die erhöhte Muskelaktivität sinnvoll ein und reduzieren Puls und Blutdruck. Darüber hinaus schaffen sie einen Stimmungsausgleich.

Weitere bewährte Stress-Killer helfen, gedanklich die Wahrnehmung von Problemsituationen zu verändern und sorgen damit langfristig für die Reduktion von Stressoren. Sie stärken die eigenen Fähigkeiten, stressunempfindlicher zu werden.

- Anti-Ärger-Tipp
- Was sagt das Bauchgefühl?
- Mentalcoaching - Selbstgespräche und Co
- Eigene Prioritäten setzen
- Abschied von der Illusion „Super-Eltern"
- Den Gedankenstopp beherrschen
- Dem Positiven eine Chance lassen
- Sich Zeit gönnen!
- Aufgaben verschenken

Lernen Sie die verschiedenen Stress-Killer kennen und wählen Sie für sich aus, welche zu Ihnen am besten passen und welche Sie gerne ausprobieren möchten. Patentrezepte, die auf jeden passen, gibt es nicht, aber alle haben das gleiche Ziel: Zufriedenheit und eine gute Stress-Balance.

>> **Herr M.**

Auch wenn es viele Ratgeber über alle möglichen Entspannungsmethoden gibt. Für mich ist Yoga und Co, Auf-der-Matte-Liegen und komische Übungen machen der reinste Stress. Ich fühle mich am besten, wenn ich Fussball spiele und anschließend noch kurz mit meinen Freunden locker zusammensitze.

>> **Frau S.**

Ich habe den Termin im Sportstudio für den Kurs „Power-Yoga" fest in meinen Kalender geschrieben. Seit ich diese Übungen mache, achte ich viel mehr auf mich und mein körperliches Befinden. Ich bin seit dem viel besser gelaunt und bekomme vieles gut hin, obwohl mein Job als Mutter, Partnerin und Vertriebsassistentin nicht weniger aufwendig ist.

>> **Herr und Frau W.**

Seit dem Austausch mit andern Eltern im ADS-Elterntraining sind wir viel entspannter. Das Brainstorming hat uns geholfen, nicht immer zu denken „Man muss...", sondern wir lernen jeden Tag mehr zu handeln nach dem Motto „Wir wollen..., weil...". Es ist ein tolles Gefühl, nicht immer jedem alles recht zu machen und wieder selbst der Akteur seiner Lebensziele zu sein.

4.2. Die „physiologischen" Stress-Killer

Sport und Bewegung

Sport baut Stresshormone sinnvoll ab und reduziert sofort den Stresspegel. Weitere Stoffwechselaktivitäten werden angeregt, schlechte Stimmung vertrieben, und die Immunabwehr wird gestärkt. Sie fühlen sich fit und energiegeladen.

Es lohnt sich, Sport- und Bewegungseinheiten fest in seinen Alltagsrhythmus einzuplanen. Natürlich bedeutet dies nicht, dass sie ein Trainingsprogramm wie ein Leistungssportler absolvieren. Es gibt Erfahrungswerte, durch welchen Einsatz Sie am besten stabile Trainingseffekte und damit dann auch Stressprophylaxe erhalten. Finden Sie heraus, was einfach zu organisieren ist. Vielleicht macht es Ihnen noch mehr Spaß, wenn Sie eine Freundin oder einen Freund motivieren mitzumachen.

Sie müssen nicht sofort komplizierte Techniken lernen und Trainerstunden nehmen. Wenn Sie bisher keinen Sport ausgeübt haben, fangen Sie mit Walking, Joggen oder Schwimmen an. Sorgen Sie dafür, dass sie mindestens 2 bis 3mal in der Woche, am besten aber jeden Tag eine halbe Stunde körperliche Bewegung haben, möglichst an der frischen Luft.

Sie werden sehen, es macht Spaß und sie können wunderbar in dieser Zeit Problemgedanken verbannen. Auch Ärger wird man durch körperliche Aktivität schnell los.

Info!

Aus der Sportwissenschaft:

Um positive Wirkung zu spüren und sich nicht zu überfordern, ist es sinnvoll, den Körper auf einem bestimmten, für Sie passenden Belastungniveau zu halten. Der Puls bietet Ihnen Orientierung, um für sich die richtige Belastungsintensität zu finden.

Als Anhaltswert eine Formel:

200 minus Lebensalter und davon 65-80% = optimale Pulsfrequenz bei körperlicher Belastung. Dies bedeutet zum Beispiel für 20-40 -Jährige einen Puls von ca. 140/min.

Ihr Pulswert ändert sich in den ersten Wochen rasch: jeder Tag macht Sie fitter. Nach ein paar Wochen stellt sich ein „steady state" ein, eine Pulsfrequenz, die Ihr persönlicher Belastungspuls sein wird.

Mediziner unterscheiden die Wirkung des Trainings je nach Pulsfrequenz zum Beispiel beim Laufen oder Fahrradfahren:

Stabile Gesundheit 112-122
Fettverbrennung 122-133
Verbesserte Fitness 133-149
Anaerobe Zone 149-165
Maximalpuls 165

Durch Bewegung und Sport erreichen Sie gleich mehrere Ziele auf einmal:

- Ihr Körper wird mit zehnmal mehr Sauerstoff überflutet.
- Gehirnzellen haben mehr Energie zur Verfügung:
  Sie fühlen sich wach und können sich besser konzentrieren.
- Endorphine heben die Stimmung.
- Die Leistung des Immunsystems steigert sich um 30 %. Ihr Energieumsatz wird um 25% gesteigert, der Appetit reguliert und Fett wird abgebaut.

Noch ein weiterer Effekt:
Beim Training im richtigen Pulsbereich kommt es zu einem Anstieg des Hormons ACTH (adrenocorticotrophes Hormon). Diese Hormon ist unter anderem wichtig für die kreative Kopfarbeit. Läufer wissen das. Beim Laufen kommen die besten Ideen.

Bewegung ist ein wunderbares Mittel, Stress hinter sich zu lassen und im wahrsten Sinne des Wortes dem Stress davonzulaufen.

Gedanken, die verhindern, dass Sie regelmäßig Sport machen.

- Ich hab sowieso keine Zeit.
- Ich kann mich besser zuhause auf dem Sofa entspannen und finde Bewegung viel zu anstrengend.
- Sport können nur junge Leute machen.
- Ich muss eine Sportart perfekt beherrschen, sonst ist das peinlich.
- Schon wieder einen Termin. Ich schaue mal, ob es irgendwann passt.

TOP

10 Gründe, warum Sport Ihnen gut tut:

- Man besinnt sich auf sich und nimmt sich positiv wahr.
- Man erlebt positive Gefühle: Freude an Bewegung, Stolz, weil ich mein Ziel erreicht habe etc.
- Konzentrations- und Gedächtnisleistung verbessern sich.
- Man fühlt sich wohl durch soziale Kontakte und unkomplizierte Kommunikation.
- Man erfährt Unterstützung und Anerkennung durch andere.
- Man tut, wozu man bei Stress programmiert ist: man verbraucht die bereitgestellte Energie.
- Man gewinnt Abstand zu seinen Problemen.
- Spannung und Entspannung stehen in einem ständigen Wechselspiel.
- Man stärkt das Immunsystem.
- Durch den Trainingseffekt fühlt man sich fit, belastbarer und ist gesünder.

Entspannungsübungen, Meditation

Nicht nur Bewegung ist ein effektiver Stress-Killer, sondern auch Entspannungsübungen oder Meditation. Jeder muss für sich das Passende finden. Der eine findet seine persönliche Balance beim regelmäßigen Joggen, andere beim Lesen oder Musikhören oder durch regelmäßiges Autogenes Training, Entspannungsübungen nach Jacobsen, durch Yoga, Tai Chi etc.

Allen ist gemeinsam, dass negative Gedanken umgelenkt und dadurch neue Energien freigesetzt werden. Durch Entspannungsphasen bremsen Sie die tägliche Hetze, Sie werden gelassener, regulieren Körperreaktionen besser und finden Zeit zur Muße.

Es braucht auch nicht immer eine Übung aus einem Entspannungsverfahren zu sein, es kann schon ein kurzes Innehalten im Alltag sein – ein Moment des Genießens. Probieren Sie aus, auf Ihre Sinneseindrücke zu achten und Energie zu tanken. Hören Sie Ihre Lieblings-CD und lassen Ihre Gedanken schweifen. Erfreuen Sie sich an Farben und Formen. Umgeben Sie sich mit etwas Schönem. Stellen Sie eine Blume auf den Schreibtisch. Genießen Sie beim Essen und Trinken, schmecken und riechen Sie intensiv. Was riechen, hören, sehen und spüren Sie auf einem Spaziergang? Denken Sie an schöne Erlebnisse und lassen Sie diese an Ihrem inneren Auge vorbeiziehen. Spüren Sie positive Gefühle nach und entdecken Sie Ihre „Wohlfühlinsel".

Mentale Muskelentspannung

Es gibt eine ganz einfache Übung, in der das Phänomen genutzt wird, dass der Körper auf vorgestellte Situationen ähnlich reagiert wie auf reale. Stellen Sie sich intensiv eine entspannte Situation vor, dann weiß Ihr Körper, wie sich das anfühlt. Er simuliert dann diesen Zustand im Hier und Jetzt – die Muskulatur löst sich und passt sich an den Zustand Ihrer Vorstellung an. Sie können so über Gedanken Ihre Muskulatur beeinflussen.

- Suchen Sie sich einen ruhigen, ungestörten Ort und bringen Sie sich in eine entspannte Lage.

- Schließen Sie die Augen.

- Erinnern Sie sich an eine Situation, in der Sie sich körperlich sehr ruhig, entspannt, sehr wohl gefühlt haben. Stellen Sie sich diese Situation so vor als sei es jetzt.

- Lassen Sie Ihren Körper spüren, wie sich das anfühlt(e). Speichern Sie diese Erinnerung, dieses Bild, dieses Gefühl so ab.

- Ergänzend können Sie diesem Augenblick einen Namen geben, zum Beispiel Sauna, Omas Garten, Sonnenuntergang am Meer.

Wiederholen Sie das Hervorholen dieser Wahrnehmungen regelmäßig, am Anfang in einer für Sie ohnehin ruhigen Situation mit geschlossenen Augen. Wenn Sie merken, dass dies zuverlässig klappt, üben Sie, dies auch in unbeliebteren Situationen und mit offenen Augen: im Bus oder auf dem Zahnarztstuhl. Gelingt Ihnen das? Immer besser? Dann können Sie diese Technik als wirksame Stressprophylaxe vor schwierigen Aufgaben einsetzen.

Tief Durchatmen

Im Kapitel 2 „Phänomen Stress" haben Sie erfahren, dass das Körpermuster für Stress und belastende Gefühle gekoppelt ist mit einer erhöhten Spannung der Muskulatur und einer schnelleren Atmung. Über die bewusste Beeinflussung von Atmung und Muskelspannung können wir ungünstige Stresssituationen ganz gut mit einfachen Mitteln unterbrechen.

Bei Stress, Angst und Ärger stellt die Atmung auf Leistungsatmung um. Das ist eine kurze, flache Atmung in den oberen Teil des Brustkorbs. Die Leistungsatmung ist eine Technik für kurzzeitige Belastung, zum Beispiel beim Sprint oder Gewichtheben. Bei längerfristigem Stress ist diese Atmung belastend. Sie führt zu einer Sauerstoffunterversorgung, erhöht den Stress für den Körper und damit auch für sich selbst – ein Teufelskreis entsteht. Um die Erregungskette mittels Atmung zu unterbrechen, sind alle Techniken hilfreich, die auf Bauchatmung, langes Ausatmen und einen ruhigen Atemrhythmus abzielen.

Integrieren Sie ganz einfach folgende Übung in den Alltag:

- Drei-Phasen-Atmung:
  Beobachten Sie in Ruhesituationen, zum Beispiel auf dem Sofa, Ihre Atmung. Versuchen Sie die Ausatmungsphase zu verlangsamen und die Pause zu verlängern. Lassen Sie die Einatmung erst zu, wenn ein starkes Bedürfnis entsteht. Entschleunigen Sie den Rhythmus: Einatmung kommen lassen, lang gezogenes, langsames Ausatmen, Pause mit körperlicher Entspannung, bis der Impuls zur Einatmung kommt. Speichern Sie das Gefühl ab.

- Atmung verlängern:
  Bei Stress neigt man zu einer vermehrten Einatmung. Die Ausatmung kommt zu kurz, es wird nicht genügend CO_2 abgegeben, dadurch kann nicht genügend Sauerstoff aufgenommen werden. Der Sauerstoffmangel führt zur Erhöhung des Stresspegels. Wirksames Mittel, um den Stresskreislauf und einen ungünstigen Atemrhythmus zu unterbrechen, ist es, die Ausatmung zu verlängern, zu aktivieren. Sie können hierfür beim Ausatmen den Laut „f" oder auch der stimmlose „s" benutzen.

Bewährte Entspannungsverfahren

Entspannungstechniken kann man über die verschiedenen Verfahren lernen. Ich gebe Ihnen einen kurzen Überblick, was sich hinter der jeweiligen Methode verbirgt. Dann können Sie besser entscheiden, ob Sie eventuell einen Kurs belegen und Techniken eintrainieren.

- Progressive Muskelrelaxation nach Jacobson
  Bei diesem Entspannungsverfahren werden einzelne Muskelgruppen angespannt und bewusst wieder gelöst. Durch den Wechsel von An- und Entspannung lockert sich die Muskulatur und führt zur Relaxation.

- Autogenes Training
  Diese Entspannungsmethode beruht auf Autosuggestion: Mithilfe der Vorstellungskraft wird ein Zustand tiefer Entspannung erreicht. Man kann lernen, damit Atmung und Herzschlag zu beeinflussen und sie ist hilfreich, Gedanken umzulenken.

- Yoga, Tai-Chi, Qigong
  Die Wurzeln der traditionellen Meditationsformen liegen im Hinduismus. Durch verschiedene Körperhaltungen und Atemtechniken werden Kraft und Flexibilität der Muskeln trainiert, wird das Gleichgewicht geschult und die Durchblutung verbessert. Insgesamt helfen die Übungen zur inneren Ruhe zu kommen.

- Meditation/Achtsamkeit
  Achtsamkeit ist ein Zustand, in dem man jeden einzelnen Augenblick bewusst wahrnimmt. Man konzentriert sich z.B. auf den Atmen, richtet die Aufmerksamkeit auf das Heben und Senken der Bauchdecke, das Ein- und Ausströmen der Luft. Wenn Gedanken auftauchen, lässt man sie ohne Wertung vorbeiziehen. Oder man lenkt seine Wahrnehmung auf andere Phänomene, um erwünschte Bewusstseinszustände zu erreichen.

Hier finden Sie eine Beschreibung eines dieser Entspannungsverfahren. Sie können diese einfachen Übungen einmal ausprobieren und entscheiden, ob sie Ihnen gut tun.

Progressive Muskelentspannung nach Jacobson ganz konkret

Jacobson ging davon aus, dass sich jede psychische Erregung und Spannung in einer Zunahme des Muskeltonus manifestiert. Umgekehrt postulierte er, dass durch eine Reduktion der muskulären Vespannung auch die Aktivität im zentralen Nervensystem herabgesetzt werden könne. Über eine systematische Kontrolle des Tonus einzelner Muskelpartien solle eine progressive Entwicklung eines psycho-physischen Entspannungszustands erreicht werden. Wissenschaftliche Untersuchungen konnten diesen Aspekt gut belegen.
Das Grundprinzip ist sehr einfach: Anspannung und Entspannung einzelner Muskelgruppen wechseln sich ab. Die Spannung wird kurz (5-7 sek.) gehalten und dann mit dem Ausatmen wieder gelöst. Man konzentriert sich auf die Empfindungen der Anspannung und Entspannung (ca. 30-45 sek.).

Info

Einige Tipps zur Durchführung:

- Achten Sie darauf, dass Sie bequem und aufrecht sitzen. Die Füße stehen fest und sicher auf dem Boden, der Rücken ist am Stuhl angelehnt, die Hände ruhen locker auf den Oberschenkeln.
- Richten Sie Ihre Aufmerksamkeit nach innen, auf Ihren Körper. Am besten schließen Sie Ihre Augen.
- Richten Sie Ihre Konzentration auf Ihren Atem. Beobachten Sie das Ein- und Ausströmen Ihres Atems. Spüren Sie die Muskelanspannung und -entspannung nach.
- Planen Sie Ihre Übungen täglich mit einem festen Zeitpunkt ohne Zeitdruck ein.

Info

Einige Ausschnitte aus dem Übungsprogramm „Progressive Muskelentspannung":

1. Hände und Arme	
Hand und Unterarm	Hand zur Faust ballen
Oberarm	Ellenbogen anwinkeln (mit geöffneter Hand)
2. Füße, Beine, Po	
Füße	Zehen krallen oder Zehen spreizen
Unterschenkel	Fersen vom Boden heben
Oberschenkel	Fersen in den Boden drücken und Zehen vom Boden abheben
Po	Pobacken zusammendrücken
3. Kopf und Gesicht	
Stirn	Augenbrauen hochziehen und dabei die Stirn in horizontale Falten legen
Augen und Wange	Augen zusammenkneifen und die Nase nach oben ziehen
Mund und Kiefer	Zähne aufeinander beißen, Lippen aufeinander pressen, Zunge nach oben gegen den Gaumen drücken
Nacken und Hals	Kopf nach vorne auf die Brust ziehen oder Kopf leicht geneigt nach rechts bzw. links drehen, das Kinn zeigt jeweils zur Schulter oder Kopf mit dem Gesicht nach unten zur rechten bzw. linken Schulter neigen („das Ohr auf die Schulter legen")
4. Schulter und Rücken	Schulter bis zu den Ohren hochziehen oder Schulterblätter nach hinten unten drücken oder Schulter nach vorne vor die Brust ziehen

Finden Sie für sich heraus, was Ihnen gut tut und akzeptieren Sie, dass es bei Ihrem Partner andere Strategien sein können.

Sieben Gründe, warum Entspannung effizient ist:

Entspannung

- bringt Gelassenheit (affektive Indifferenz).
- sorgt für mentale Frische.
- erhöht die Wahrnehmungsschwelle.
- senkt den Muskeltonus/Spannung der Skelettmuskulatur.
- führt zur Gefäßerweiterung und dadurch zu einem Wärmegefühl.
- senkt die Pulsfrequenz und den Blutdruck.
- sorgt für Gleichmäßigkeit der Atemzyklen, für Abnahme der Atemfrequenz und bewirkt einen geringeren Sauerstoffverbrauch.

4.3. Die „mentalen" Stress-Killer

Gedanken und Gefühle sind sowohl die Hauptursache für Stress und Probleme als auch die wichtigste Quelle für Erfolg und Zufriedenheit! Täglich rauschen rund 60.000 Gedanken durch den Kopf, wobei nur ein kleiner Teil davon an die Oberfläche unseres Bewusstseins dringt. Stressforscher haben mentale „Stress-Pusher" ausgemacht. Unser Körper reagiert sofort auf Gedanken wie „Das schaff ich nicht!" oder „Ich muss... Ich sollte...", mit denen wir uns selbst unter Druck setzen.

Machen Sie das gleiche wie Leistungssportler, setzen Sie bewusst positive Selbstinstruktionen ein für Ihr Fühlen und Handeln in schwierigen Situationen. Sie werden sehen, es funktioniert!

Es genügt oft schon dieser kurze Moment, um den Körper vom Stress-Modus auf den Relax-Modus umzuschalten.

Erfolg oder Stress: beides beginnt im Kopf!

Die Gedanken, die eine Situation kommentieren, kommen von alleine, egal ob Sie das möchten oder nicht. Manche haben stärkende oder beruhigende Wirkung, manche verschlimmernde Wirkung bis hin zur Eskalation. Auf Neutrales reagiert das Gehirn in der Regel nicht.

Für die Bewältigung stark emotionaler oder auch belastender Situationen wie ein schwieriges Gespräch, Prüfung, Auftritt etc. brauchen Sie also für sich selbst mentale Anweisungen,die eine eindeutige Wirkung haben. Nutzen Sie Selbstinstruktionen: Sie reden im Stillen mit sich und geben sich selbst und Ihrem Körper dadurch Hinweise, was zu tun ist.

- Nutzen Sie kurze Sätze: „Es ist normal.",„Du schaffst das."
- Formulieren Sie positiv. Sagen Sie sich: „Bleib ruhig. Es ist okay. Das hast du schon öfters hingekriegt." Vermeiden Sie alles Negative, auch das Wort „Angst". Nutzen Sie nicht den Satz „Hab keine Angst!", denn er könnte das Angstgefühl verstärken.
- Geben Sie sich Handlungsanweisungen. In Stresssituationen schaltet der Körper auf eines seiner Notmuster um: fight (kämpfen), flight (fliehen) und freeze (erstarren). Indem Sie sich Handlungsanweisung geben, aktivieren Sie ein anderes Handlungsmuster. Zum Beispiel „Du reagierst erst einmal nicht und spielst etwas auf Zeit mit Nachfragen. Dann entscheidest du, ob...".
- Vermeiden Sie Hoffentlich-Sätze. Hoffentlich birgt immer die Gefahr, dass der Wunsch nicht eintritt. Wünschen Sie, dass etwas nicht geschieht und es tritt trotzdem ein, ist der Schock umso größer. Benutzen Sie lieber Wenn-dann-Szenerien.

Kommentare in Stresssituationen: so oder so?

Negative Formulierungen	Besser: positive Formulierungen
„Das wird schief gehen..."	„Erst einmal probieren..."
„Ich weiß nicht, wie ich das schaffen soll..."	„Ich nehme mir Schritt für Schritt vor..."
„Oh Gott, was da wieder auf mich zukommt..."	„Ich kann daraus lernen..."
„Ich bin schon wieder völlig nervös und hektisch..."	„Nur ruhig, atme erst einmal tief durch..."
„Ich bin schon wieder auf 180 und der Ärger frisst mich auf..."	„Geh erst einmal kurz abkühlen, dann geht es weiter.."

Erinnern Sie sich an die Tipps aus dem TopTipp-Heft 1 für den Stopp von Wutreaktionen? Sie haben dann sicherlich schon einige Selbstinstruktionen ausprobiert.

Gedanken, die Stress verstärken:

- Ich hab sowieso keine Zeit.
- Ich kann eh nichts machen.
- Das Leben ist wie es ist.
- Es trifft sowieso immer mich.
- Ich bin für alles verantwortlich.
- Starke Menschen brauchen keine Hilfe, ich kann alles alleine.
- Man kann sich auf niemanden verlassen.
- Ich bin vom Pech verfolgt.
- Die andern sind besser dran als ich.

Konstruktive Gedanken:

- So, das hat hervorragend funktioniert.
- Alles halb so wild.
- Das war ja um einiges leichter, als ich dachte.
- Ich werde immer besser.
- Gut, dass ich diesen Fehler jetzt gemacht habe. Ich habe wieder etwas dazugelernt.
- Auf die kann ich mich verlassen.

Anti-Ärger-Tipps

Mit anstrengenden Stressereignissen werden oft starke Gefühle mobilisiert wie Ärger, Frust, Verzweiflung, Unsicherheit. Weit verbreitet ist die Vorstellung, dass es gut tue, auch negativ erlebte Gefühle wie Ärger und Wut offen auszuleben, zum Beispiel durch Schimpfen und Herumbrüllen. Manche Menschen glauben, dass ihnen ein Wutanfall Erleichterung und Entspannung verschafft. Diese Vorstellung konnte man wissenschaftlich nie belegen. Im Gegenteil.

Ärger ist Gift. Wenn dem Ärger freier Lauf gelassen wird, führt das häufig dazu, dass man sich in das jeweilige Gefühl noch weiter hineinsteigert und Öl ins Feuer gießt. Die körperlichen Begleiterscheinungen wie erhöhter Puls und Blutdruck, starke Durchblutung der Muskulatur sowie biochemische Veränderungen wie die Ausschüttung von Stresshormonen werden verstärkt, die Fähigkeit zu logischem, vernünftigem Denken ist dann stark eingeschränkt. Das Handeln wird vom Wut-Gefühl bestimmt und kann noch Stunden schlechte Laune machen.

Mit kleinen Tricks können Sie oft schon Ihr Erregungsniveau minimieren.

- Folgen Sie nicht immer Ihrer ersten Gefühlsregung in schwierigen Situationen. Ihr Gefühl reagiert schneller als der Verstand. Sie brauchen Zeit, um zu überprüfen, ob Ihr Gefühl recht hat und Ihr Handlungsimpuls angemessen ist.

- Lenken Sie Ihre Aufmerksamkeit bewusst auf einen Gegenstand an sich (wie Armband, Ring) oder im Raum (wie Bild an der Wand, Blumenarrangement, schöner Gegenstand) und verbinden Sie nette Erfahrungen damit. Ärger relativiert sich durch neue Wahrnehmungseindrücke.

- Dies kann auch gelingen, wenn Sie sich eine kurze Minireise in eine andere Welt gönnen und einen Geruch, eine schöne Farbe oder eine phantastische Landschaft vor Ihrem geistigen Auge aktivieren.

- Wenn der Ärger sich zu stark breit macht, verlassen Sie unter einem Vorwand den Raum und lassen kaltes Wasser über Ihre Handgelenke laufen. Damit reduzieren Sie physiologische Überreaktionen ihres vegetativen Nervensystems und kommen schneller zur Ausgeglichenheit.

- Gezieltes Abreagieren durch Bewegung oder intensive kraftkostende Tätigkeiten wie z.B. Gartenarbeit können Energien effizient umlenken.

Was sagt das Bauchgefühl?

Der Mensch verfügt mit seinem hoch entwickelten Gehirn über zwei verschiedene Bewertungssysteme, mit denen er eine Entscheidung über sein Tun trifft. Kennen Sie auch so eine Situation: Sie freuen sich auf ein schönes, ruhiges Erhol-Wochenende ohne feste Termine, weil Max bei seinen Großeltern übernachten will und Sie nicht den Tag mit „Kind-Programm" planen müssen. Am Donnerstag bekommen Sie einen Anruf von Petra, einer Bekannten, die auf Ihrer Urlaubsreise in den Süden bei Ihnen mit Ihrer Familie einen Zwischenstopp einlegen möchte. „Oh, nein!" ist Ihre erste Reaktion. „Muss das gerade jetzt an diesem Wochenende sein? Seit Wochen freue ich mich schon darauf, am Sonntag lange im Bett zu bleiben, zu lesen und einfach nichts zu tun!" Einige Minuten später meldet sich eine andere Stimme: „Aber ich kann doch nicht absagen, ich habe Petra und ihre Kinder schon zwei Jahre nicht gesehen. Wir sehen uns so selten, nun sei nicht so egoistisch und unfreundlich." Sie haben dann die Qual der Wahl. Was wollen Sie tun? Wollen Sie Petra absagen oder wollen Sie Ihre Ausruh-Pläne aufgeben? Es ist offenbar nicht immer ganz einfach zu wissen, was man eigentlich will.

Der Hauptgrund für die Schwierigkeit sind jene zwei verschiedenen Bewertungssysteme, die auch in der Anatomie unseres Gehirns an unterschiedlichen Stellen aufzufinden sind. Das eine Bewertungssystem entspricht dem, was man in unserer Sprache „Verstand" nennt, das andere ist unser „Bauchgefühl". Beide Systeme arbeiten leider in mehrfacher Hinsicht ziemlich verschieden. In der Übersicht sind die wichtigsten Unterschiede kurz aufgelistet:

Zwei Bewertungssysteme: Verstand und Bauchgefühl:

	Verstand	Bauchgefühl
Arbeitstempo	langsam	schnell
Kommunikationsmittel	Sprache, präzise Argumente	diffuse Gefühle
Bewertungskategorie	richtig/falsch	mag ich/ mag ich nicht

Verstand und Bauchgefühl haben ein unterschiedliches Arbeitstempo. Das Bauchgefühl ist sehr schnell. Seine Bewertung erfolgt 200 bis 300 Millisekunden, nachdem ein Reiz wahrgenommen wurde. Der Verstand dagegen braucht wesentlich länger, bis er eine Sachlage analysiert und beurteilt. Diese so bedachten Ergebnisse kann man in klare Worte fassen und Argumente formulieren, warum man etwas so tun möchte. Das Bauchgefühl arbeitet anders. Es kommt ohne Worte aus. Man hat nur diffuse Körperempfindungen oder Gefühle. Es lebt im Hier und Jetzt und sorgt für die Bewertung „Ja, toll!" oder das Grummelgefühl „Oh, nein!".
Zufriedenheit und Ausgeglichenheit resultieren aus passenden Entscheidungen. Natürlich brauchen wir für Entscheidungen analytische Überlegungen und Strategieplanungen, um vorausschauend zu handeln. Wir brauchen aber auch positive Grundstimmung, um etwas engagiert und ohne viel Stress zu tun. Das Bauchgefühl sollte öfters die Chance bekommen, Entscheidungen zu beeinflussen. Es sorgt schnell für Wohlfühlmomente, die Stressphänomene in Schach halten und verhindert, zu oft fremdbestimmt zu leben. Das Bauchgefühl möchte Ihnen Unangenehmes ersparen und viel Angenehmes ermöglichen. Es sorgt für eine gute Balance.

Wenn beide Bewertungssysteme kooperieren und Sie mit ihnen so umgehen lernen, dass Sie für sich passende Entscheidungen fällen, haben Sie ein gutes Selbstmanagement und lassen Dauerstress nicht zu.

Beleuchten Sie durch Fragen Ihre Entscheidungen. Finden Sie Argumente, warum Sie etwas tun oder nicht tun. Erspüren Sie aber auch Ihr Bauchgefühl und wägen dann noch einmal ab. Haben Sie durch Erziehung gelernt, immer nur für das Wohlbefinden anderer zu sorgen? Was sind Ihre persönlichen Ziele und wann haben Sie das Gefühl „Ja,toll! Das mag ich!"?

Mit Fragen Einstellungen verändern

- Muss ich es immer allen und jedem recht machen?
- Muss ich immer Rücksicht nehmen?
- Muss meine Lösung immer perfekt sein?
- Muss immer alles sofort klappen?
- Muss ich immer alles alleine schaffen?
- Muss ich mir immer Sorgen machen?

Eigene Prioritäten setzen

Wer bestimmt eigentlich über Ihre Lebensziele? Machen Sie viele Dinge, weil „man" es so machen muss? Wie wichtig ist es Ihnen, was über Sie gesagt wird? Halten Sie sich vielleicht auch an alten Familienmustern fest, die eigentlich für Ihre Situation nicht mehr passen? Welches Familienbild ist in Ihrem Kopf? Muss es die Superfamilie aus der Werbung sein? Oder haben Sie in Ihrer Familie eigene Prioritäten gesetzt und entscheiden immer, was für Sie wirklich wichtig ist?

So ein brainstorming kann dazu führen, dass auch einmal eine große Familienfeier anders gestaltet wird als gewohnt. Es gibt vielleicht weniger Stress, wenn Weihnachten nur in einem kleinen Rahmen gefeiert wird und Sie nicht dafür sorgen müssen, dass ein 5-Gänge-Menü auf den Tisch gezaubert wird. Sie verhindern gleichzeitig mit dieser Entscheidung, dass Ihr ADS-Kind durch ein Zuviel an Reizeindrücken und Erwartungen überfordert wird und schneller ausflippt.

>> **Eltern von Christian**

„Wir waren es leid, ständig auf Heiligabend Wutanfälle von Christian zu managen und eine enttäuschte Oma zu beruhigen, weil Christian mit den vielen Geschenken völlig überfordert war. Er konnte dann gar nicht das Geschenk von der Oma würdigen. Wir haben beschlossen, Heiligabend feiern wir zu viert und die Oma wird am ersten Feiertag eingeladen.

Jetzt ist alles entspannter und Christian freut sich ganz besonders auf die Oma. Natürlich hat er jetzt auch besser Gelegenheit, sich mit Omas Geschenk zu beschäftigen. Die einzige Schwierigkeit war nur: Wer informiert die Oma über die veränderten Abläufe? Es war einmal Stress. Mittlerweile ist Oma mit unseren neuen Ritualen auch super zufrieden. So werden wir es die nächsten Jahre wieder machen."

Wer sich selbst keine eigenen Ziele setzt, wer sich seiner Stärken nicht „selbstbewusst" ist, wird schnell zum Spielball der Umstände.

Abschied von der Illusion „Super-Eltern"

Regiert noch sehr stark das Bild der „Super-Familie" Ihre Idealvorstellungen? Nehmen Sie Abschied von dieser unrealistischen Idylle des Marketings!

Ideale Eltern wissen auf jede Frage, jedes Bedürfnis, jedes Problem die richtige Antwort. Auch der größte Trubel bringt sie nicht aus der Ruhe. Sie sind immer einfühlsam, humorvoll, geduldig, liebevoll, unternehmungslustig und ihre Kinder fühlen sich stets gerecht behandelt und geborgen - ganz gleich, was los ist. Natürlich ist das Mumpitz.

Eltern sind einfühlsam und geduldig – aber manchmal auch genervt und ungerecht.

Im wahren Leben ist das ganz anders. Sie haben täglich eine bunte Mischung aus Frusterlebnissen und netten Momenten.

Tipps für Ihre Elternrolle und den Abschied von der Illusion „Super-Eltern"

- **Gestatten Sie sich Ärger-Reaktionen**
  Ihr Kind hält es durchaus aus, wenn Sie selbst mal laut werden. Wenn Sie öfters sehr aufbrausend sind, machen Sie sich problematische Situationen bewusst und beugen Sie vor, indem Sie klare Regeln aufstellen und mit Motivationsplänen eintrainieren. Tipps hierzu finden Sie in dem TopTipp-Heft 1 „Erziehung und Förderung des Selbstbewusstseins Ihres Kindes".

- **Gehen Sie etwas auf Distanz**
  Der Mutter von Laurin ist es sehr peinlich, als sie wieder einen Anruf der Klavierlehrerin bekommt, die sie streng darauf hinweist, dass Laurin mit seiner grünen Haarsträhne und seinen ausgefransten, schlecht sitzenden Jeans einen unmöglichen Eindruck macht. Die beste Freundin der Mutter, die damals schon 3 Kinder hatte, riet ihr, den Satz zu üben „Mein Kind ist nicht mein Aushängeschild." Auf diese Art und Weise nimmt man nicht jede Kritik persönlich, sondern lernt die Persönlichkeit eines Kindes zu respektieren und die richtigen Prioritäten zu setzen. Statt ausschließlich auf die Kleidung zu achten, setzen Sie Prioritäten in Ihrer Erziehung auf das Beherrschen von höflichen Kommunikationsformen.

- Nehmen Sie nicht jeden Ausspruch persönlich
  „Du bist die gemeinste Mutter der Welt! Ihr habt mich überhaupt nicht lieb, nur immer Laura!" Oder werden Ihnen noch schlimmere Titulierungen entgegengeschleudert, die Sie an ihrer Elternrolle zweifeln lassen und Sie zutiefst enttäuschen? Machen Sie sich klar, dass solche Äußerungen unüberlegte Äußerungen sind, die Sie zwar in ihrer Heftigkeit stoppen wollen, aber nicht persönlich nehmen können. Sie sind aus dem Moment heraus emotionale Ausbrüche und keine analytischen Reflexionen zu Ihrer Person.

- Legen Sie die Latte niedriger
  Wenn Sie meinen, dass Ihr Kind es „nie" nötig hat, zu lügen oder Ihnen „alles" sagen kann, weil Sie für alles Verständnis haben, werden sie zwangsläufig enttäuscht.
  Machen Sie sich lieber diese realistische Einstellung zu eigen: Alle Kinder lügen einmal. Alle Kinder verschweigen auch mal etwas. ADS-Kinder haben oft ihre Gefühle nicht im Griff und sagen Dinge, sie nicht wirklich überlegt haben.

- Denken Sie auch mal an sich
  Tanken Sie Energie auf und nutzen Sie viele Stress-Killer, damit Sie als Eltern Ziele ausgeglichener umsetzen und nette Zeiten mit Ihrem Kind erleben können.

Für Problemem im Alltag suchen Sie Unterstützung und probieren Sie einige Tipps aus den anderen Top-Tipp-Heften aus.

Setzen Sie Ihre eigenen Prioritäten und nehmen Sie Abschied von den Ideen „Man macht...". Leben Sie pro-aktives Prioritäten-Management, denn eigenes Agieren ist immer besser als Re-agieren. Eine individuelle Zielsetzung macht Energie frei, anstehende Aufgaben besser zu lösen. Außerdem werfen Sie durch dieses brainstorming Ballast ab.

Den Gedankenstopp beherrschen

Was bedeutet das? Begleiten Sie oft „Problemgedanken"? Bleibt Ihr Aufmerksamkeits-Scheinwerfer an sorgenvollen Gedanken hängen, auch wenn Sie in diesem Moment eigentlich selbst nichts bewirken können? Machen Sie sich den ganzen Vormittag Sorgen, ob es gut in der Schule klappt, Ihr Kind die Mathearbeit meistert und es hoffentlich keine Raufereien auf dem Schulhof gibt? Können Sie sich schlecht auf etwas anderes konzentrieren?

Es ist verständlich, dass Sie mitdenken und mitfühlen, Probleme wahrnehmen, analysieren und zu lösen versuchen – aber alles zu seiner Zeit.

>> **Frau P.**
Sie kann schon keinen Moment mehr genießen, weil ständig die Gedanken zum Thema Schule in ihrem Kopf kreisen. Seit langer Zeit hat sie endlich einmal einen Nachmittag für sich. Die Kinder sind auf einem Ausflug. Sie wollte es sich ganz gemütlich machen, einen Tee trinken und in aller Ruhe die Zeitung lesen. Sie verspürt aber eine innere Unruhe. Sie muss ständig über die nächsten Klassenarbeiten ihres Kindes nachdenken und alle Gedanken türmen sich zu einem riesigen Problemberg auf. Sie fühlt sich völlig unwohl und ärgert sich, dass sie die Zeit für sich nicht nutzen kann. Dieser Tag ist schlimmer als ein ganz normaler Nachmittag mit alltäglicher Hetze.

Manche Eltern können abends schon nicht einschlafen, weil ihnen die kreisenden Problemgedanken den Schlaf rauben. Sie grübeln und grübeln. Hier hilft nur eins: negative Gedanken stoppen.

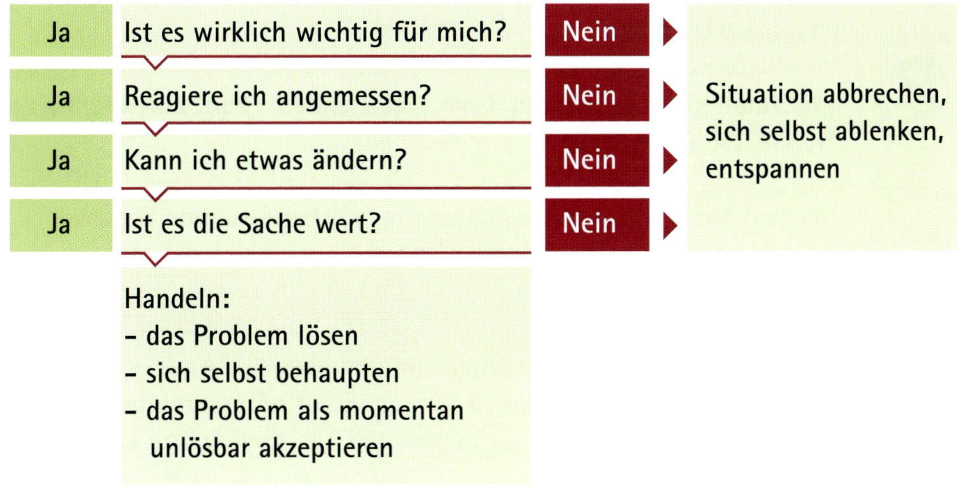

Üben Sie, sich selbst energisch „Stopp!" zu sagen, „Jetzt nicht!" Schwenken Sie Ihren Wahrnehmungsscheinwerfer auf andere Dinge. Lenken Sie sich ab und rufen sich positive Erlebnisse ins Bewusstsein.

Versuchen Sie den „Problemfilm" in Ihrem Kopf abzuschalten und auf ein anderes Programm zu gehen. Und dies ganz bewusst. Oft hilft es, einfach etwas anderes zu tun.
In Grübel-Situationen ist Verdrängung und Ablenkung ausdrücklich erwünscht. Negative Gedanken sollten sich nicht breitmachen dürfen, wenn Sie nicht in der Lage sind, etwas in diesem Moment aktiv zu ändern. Grübeln löst kein Problem, sondern lähmt Sie, gezielt zu reagieren.

Dem Positiven eine Chance lassen

Registrieren Sie eigentlich die „kleinen Freuden des Alltags"? Wie und wann merken Sie, was Ihnen gut tut? Was klappt schon, was hat Ihr Kind schon gelernt und automatisiert? Schauen Sie nicht immer nur nach dem, was alles noch nicht geht. Geben Sie den Sorgengedanken nicht zu viel Raum und erleben Sie mit allen Sinnen positive Momente. Seien Sie für Ihr Wohlbefinden Detektiv und beantworten sich immer wieder die Frage „Was tut mir gut?". Achten Sie einmal darauf, wie Sie schöne Gefühle wahrnehmen.

Loben Sie sich ab und zu auch einmal selbst, wenn etwas gelingt und machen sich Mut. Schreiben Sie sich immer mal wieder bewusst schöne Erlebnisse auf. Diese vergisst man sonst viel zu schnell.

Fördern Sie positive Erfahrung, machen Sie sich einen Plan und nehmen sich dann ganz konkret etwas Schönes vor. Setzen Sie Prioritäten in Ihrem Zeitmanagement.

Gefühle erkennen

Wie empfinden Sie Entspanntsein, Gelassenheit, Stolz, Zufriedenheit, Freude und Optimismus?

Machen Sie sich Notizen, wann und in welcher Situation Sie entspannt, gelassen, stolz, zufrieden und optimistisch sind.

- Entspanntsein
  entsteht, wenn ich guter Dinge bin und glaube, die vor mir liegenden Aufgaben bewältigen zu können. Es ist nötig, um Abstand zu gewinnen, neue Energie zu tanken und den Kopf frei zu kriegen.

  Typische Gedanken: „Einfach nur gut." „Schön, nichts tun zu müssen."

  Körpersymptome: ruhiger Puls, regelmäßiger, ruhiger Atem, entspannte Muskeln, geringe Schmerzempfindung.

- Gelassenheit
  entsteht, wenn ich etwas auf den ersten Blick als bedrohlich ansehe, ich aber die Gefahr relativieren kann und denke, dass ich der Herausforderung gewachsen bin und meine Ziele trotz der Bedrohung erreichen könnte.

  Typische Gedanken:" Wird schon!" „Das ist nur halb so schlimm." „Das war nicht so gemeint." „Wir haben noch Glück gehabt, hätte schlimmer sein können."

  Körpersymptome: regelmäßiger, relativ ruhiger Puls, ruhiger Atem, lockere Muskulatur.

- Stolz
  entsteht, wenn ich etwas erfolgreich geschafft habe und ich denke, dass der Erfolg auf mich, meine Qualitäten und meine Leistung zurückzuführen ist. Stolz steigert das Selbstwertgefühl und ist eine Art innerer Belohnung für die vorher investierte Anstrengung.

  Typische Gedanken: „Das habe ich echt super gemacht!", „Ich bin gut!"

  Körpersymptome: wie bei Freude

- Zufriedenheit
  entsteht, wenn ich meine reale Situation mit meinen Zielen in Einklang sehe. Zufriedenheit gibt innere Ruhe und lässt einen glücklich sein, ohne das Gefühl zu haben, dauernd noch mehr tun, wollen oder erstreben zu müssen.

  Typische Gedanken: „Es ist gut so."

  Körpersymptome: wie bei Entspannung

- Freude
  entsteht, wenn ich etwas, das ich erlebe, oder etwas, das in Zukunft passieren wird, als positiv ansehe. Freude zeigt uns, dass wir dabei sind, unsere Ziele zu erreichen.
  Sie gibt Kraft und motiviert für weitere Aktivitäten.

  Typische Gedanken: „Super!" „ Wunderbar!"

  Körpersymptome: erhöhter Puls, schnellere Atemung, viel Energie, vermindertes Schmerzempfinden

- Optimismus
  entsteht, wenn ich denke, meine Ziele erreichen zu können, auch wenn ich nicht weiß, ob es einfach sein wird. Optimismus hilft, auch in schwierigen Zeiten durchzuhalten und nicht direkt aufzugeben, wenn Hindernisse auftauchen.

  Typische Gedanken: „Ich schaffe das!" „ Das klappt schon!"

  Körpersymptome: ähnlich wie bei Freude, aber nicht ganz so hohe körperliche Erregung.

Sich Zeit gönnen

Zeit ist immer zu knapp. Von morgens bis spät abends rennen die Minuten davon und wir hinterher. Ob Sie eine Firma leiten, im Flugzeug herumjetten oder Familienmanager sind und über die vielen Aufgaben in den nächsten Tagen nachdenken: der Berg der Aufgaben wird in stressigen Zeiten immer höher! Obwohl wir objektiv mehr Lebenszeit zur Verfügung haben als Menschen früher, wir weniger Arbeitsstunden für höheren Lohn absolvieren müssen und Spülmaschine, Mikrowelle etc. Arbeitszeit in der Küche einsparen, scheinen wir uns mehr unter Druck zu fühlen. Ganz offensichtlich hat die Lebenszeit, die zur Verfügung steht, wenig damit zu tun, ob wir uns arm oder reich an Zeit fühlen. Zeitnot hat nichts mit der Zahl freier Minuten zu tun. Bei dem Gefühl der Hetze handelt es sich um eine Kopfsache. Wir wissen dann nicht mehr, „wo uns der Kopf steht". Sobald wir uns als Bestimmer unserer Zeit fühlen, lässt Stress nach.

Echte Souveränität über seine Zeit gewinnt der, der Prioritäten setzt und nicht versucht, alles gleichzeitig zu tun. Wie stellen Sie Ihren Filter für Wichtiges und Unwichtiges ein? Welche Vorlieben kommen ganz oben auf die Liste, was ist vielleicht anderen wichtig, aber eigentlich nicht Ihnen?

Haben Sie schon einmal überlegt, wie viel Zeit Sie durch den Verzicht auf Unwesentliches oder sogar Unangenehmes gewinnen können? Viele Menschen übernehmen Rollen, die ihnen überhaupt keinen Spaß machen, weil sie es für ihre Pflicht halten: Sie pflegen Kontakte mit Menschen, die sie eigentlich nicht leiden mögen, sie übernehmen Funktionen in ihrer Freizeit, für die sie keine Leidenschaft entwickeln, sie investieren Zeit und Geld in Dinge, die ihnen nicht wichtig sind. Sie lassen sich von anderen leben, ohne ernsthaft darüber nachzudenken, das Steuer selbst in die Hand zu nehmen. Die meisten Dinge kann man ändern, wenn man konsequent nach einer neuen Lösung sucht.

Machen Sie Termine mit sich selbst. Manchmal reichen schon einige Minuten, in denen Sie Ihren Gedanken nachhängen können oder auch einfach nichts tun. Planen Sie diese kleinen Inseln der Erholung in Ihren Alltag mit ein.

Trainieren Sie schon möglichst sehr früh mit Ihrem Kind, dass Sie auch einmal am Tag einige Minuten für sich brauchen. Manche Eltern nehmen diesen Aspekt mit in den Punkteplan auf. Fangen Sie mit einigen Minuten an und loben Sie Ihr Kind, wenn Sie wirklich in dieser Zeit nicht gestört werden.

Jeder muss einmal Luft holen und wieder Energie auftanken können. Sorgen Sie für Zeiten, in denen Ihr Kind beschäftigt ist oder vielleicht von jemand anderem betreut werden kann. Ein Wochenende bei der Oma wird Ihr Kind genießen und Sie können sich entspannen. Ein schlechtes Gewissen ist unangebracht und in der Regel auch die Sorge, dass Ihr Kind sich unmöglich benehmen könnte. Außerhalb der Familie und besonders in Situationen, in denen sich ein Erwachsener mit ihm beschäftigt, gibt es meistens kaum Probleme. Gönnen Sie sich dann aber wirklich etwas Gutes und fangen Sie nicht an, den Bügelberg abzuarbeiten oder liegengebliebene Arbeiten zu erledigen.

In vielen Seminaren des ADS-Elterntrainings bekommen wir immer wieder deutlich gemacht, dass die meisten Eltern diesen Punkt nicht wirklich sehr ernst nehmen und für sich und ihre Entspannungsphasen keine Zeit finden. In einigen Seminaren haben wir es ein bisschen übertrieben und den Eltern über ein Rezept eine Verordnung vorgeschrieben:

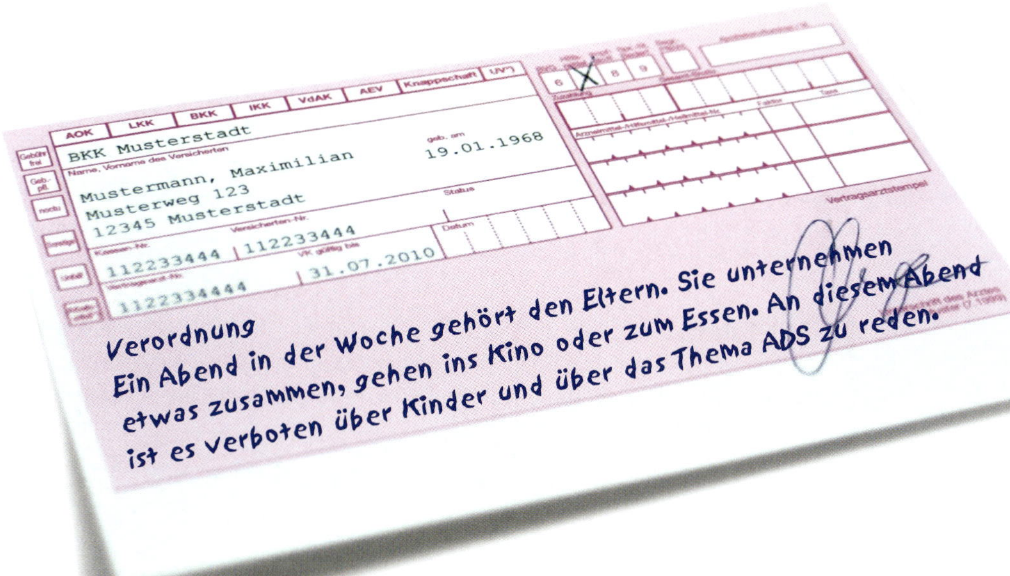

AOK | LKK | BKK | IKK | VdAK | AEV | Knappschaft | UV

BKK Musterstadt

Mustermann, Maximilian
Musterweg 123
12345 Musterstadt

geb. am 19.01.1968

112233444 | 112233444 | 31.07.2010

1122334444

Verordnung
Ein Abend in der Woche gehört den Eltern. Sie unternehmen etwas zusammen, gehen ins Kino oder zum Essen. An diesem Abend ist es verboten über Kinder und über das Thema ADS zu reden.

Was würden Sie gerne zusammen an diesem Abend tun?

Tragen Sie in Ihrem Terminkalender ganz bewusst Verabredungen mit Freunden ein. Planen Sie regelrecht „Beziehungstermine", auch wenn anscheinend nie Zeit ist. Sie bekommen Abstand vom Alltagsstress und lenken Ihre Aufmerksamkeit auf andere Dinge des Lebens. Problematisieren Sie während dieser „Freiräume" einmal nicht die Hausaufgaben oder Klassenarbeiten Ihres Kindes.

Diese „Quatschstunden" sind keine Zeitverschwendung, im Gegenteil. Sie lenken den Scheinwerfer der Aufmerksamkeit auch einmal wieder auf anderes und relativieren somit Probleme. Sie verlieren nicht Zeit, sondern Sie gewinnen sogar freie Räume und Lebensenergie. Sie werden besser für sich klare Ziele definieren und auch entscheiden, was für Sie wirklich wichtig ist, welche Probleme gelöst werden müssen, aber auch was Sie am besten vergessen und unter die Rubrik Energieverschwendung einsortieren sollten. Diese Entscheidungen sind besser mit Abstand und einer Portion Gelassenheit möglich.

Wichtig zu wissen!

Zeit-Balance:

Unser Leben ist in vier grundlegende Bereiche aufgeteilt, die alle Anspruch bei uns anmelden:

- Leistung und Beruf
- Familie und Kontakte
- Körper und Gesundheit
- Sinn und Werte

Vernachlässigen Sie keinen dieser vier Bereiche. Und nur ein ausgewogenes Verhältnis, in dem alle Bereiche von Ihnen Beachtung finden, führt zu langfristigem Erfolg und Lebensglück. Streichen Sie am besten aus Ihrem Wortlaut „Dafür habe ich im Moment leider keine Zeit, erst wenn ich...".

Zeit hat man nie, es sei denn, man nimmt sie sich.

Zeitdiebe erkennen, um eigene Prioritäten zu leben.

Nehmen Sie sich einmal einige Minuten Zeit und machen sich Ihre persönliche, für Sie kostbare Zeit bewusst. Markieren Sie Ihre drei gößten „Zeitdiebe" und setzen Sie sich ab morgen zur Wehr.

So besser nicht!

FLOP

- Die Unfähigkeit „Nein!" zu sagen
- Aufschieben unangenehmer Aufgaben
- Überperfektionismus
- Ablenkungen durch unwichtige Gespräche, Telefonate, E-Mails etc.
- Schlecht geplante Einkäufe
- Fehlende Prioritäten und Tagesplanung

>> **Freddy H:**
„Ich bin in einem Punkt intolerant geworden: Wenn Leute mir meine Zeit stehlen. Ich habe durch eine persönlichen Krisensituation das Gefühl dafür bekommen, dass meine Zeit begrenzt ist und ich sie wirklich sinnvoll nutzen möchte. Ich fülle meinen Terminkalender nicht mehr mit irgendwelchen Terminen, sondern alle werden kritisch bewertet. Ist die Verabredung notwendig? Warum? Tut sie mir gut? Habe ich Freude an dem Kontakt oder erlebe ich ihn nur als Verpflichtung? Ich genieße sehr viel mehr Stunden in meinem Leben und habe auch noch das Gefühl, ich bin nicht ständig fremdbestimmt."

>> **Monika M:**
„Im Job muss ich immer präsent und freundlich sein. Meine Familie fordert über viele Stunden meine Aufmerksamkeit als Ratgeber, Sorgenvertreiber, Helfer bei Hausaufgaben und, und, und...
Seit ich wieder regelmäßig zum Chor gehe, habe ich einen guten Ausgleich. Ich finde zu meiner inneren Ruhe, beschäftige mich dann gedanklich mit nichts außer der Musik und den Texten. Das relativiert viele Ärger-Gedanken und bringt vor allem Energie."

>> **Sascha H.:**
„Seit ich mir Zeit für mein Hobby nehme, bin ich viel gelassener. Früher habe ich mich immer abends durch irgendwelche TV-Programme gezappt, jetzt gehe ich oft in den Keller und repariere Elektrogeräte. Ich bin fasziniert von der Technik der 50er und 60er Jahre. Im letzten Monat habe ich einen alten Fernseher nachgebaut. Es brauchte viel Herzblut, alle Ersatzteile zu besorgen. Diese Anstrengung macht wirklich Spaß und entspannt mich besser als Fernsehen..."

>> **Gaby Z.:**
„Durch meinen Garten habe ich eine besondere Beziehung zum Leben geschenkt bekommen. Mein Garten bildet viele Seiten des Lebens ab, in seiner Schönheit, aber auch inklusive aller Schattenseiten und Schädlinge. Man wird gelassener und demütiger, weil man lernt Momente zu genießen, manches kann man beeinflussen, vieles auch nicht. Aber man bekommt einen anderen Blick und genießt schon hervorsprießende Keimlinge und nicht nur die volle Blütenpracht."

4

Mein Zeitprofil

Zeit besitzen wir nicht. Sie existiert unabhängig von uns. Wir können nur lernen, sie gut für unsere individuellen Interessen zu nutzen. Für was brauchen Sie eigentlich Zeit? Wofür möchten Sie mehr Zeit bewusst nutzen? Was können Sie optimieren? Sind Familie, Beruf, Verpflichtungen und Hobbies gut in der Balance?

Analysieren Sie Ihr Zeitprofil mit Mind-Mapping. Dann wird klarer, wie Sie Schwerpunkte setzen und vielleicht auch verändern möchten.

Zeichnen Sie auf ein großes Blatt in die Mitte ein Viereck, in das Sie „Meine Zeit und ich" hineinschreiben. Von diesem Kasten aus zeichnen Sie Äste ein, die sich immer mehr verzweigen können und finden Sie Symbole für Ihre verschiedenen Bereiche. Jedes Zeitprofil wird anders aussehen und ist individuell verschieden.

Beantworten Sie sich am besten folgende Fragen:

- Wo genau liegen Ihre zeitlichen Schwerpunkte im Moment? Für was benötigen Sie am meisten Zeit?
- Wann erledigen Sie welche Aufgaben?
- Welche Aufgaben kosten die meiste Zeit?
- Welche Bereiche kommen eigentlich zu kurz?
- Möchten Sie gerne etwas ändern? Wenn ja, was?
- Welche Aufgaben machen Ihnen Spaß, was tun Sie ziemlich ungern?
- Für welche Tätigkeiten hätten Sie gerne mehr Zeit?

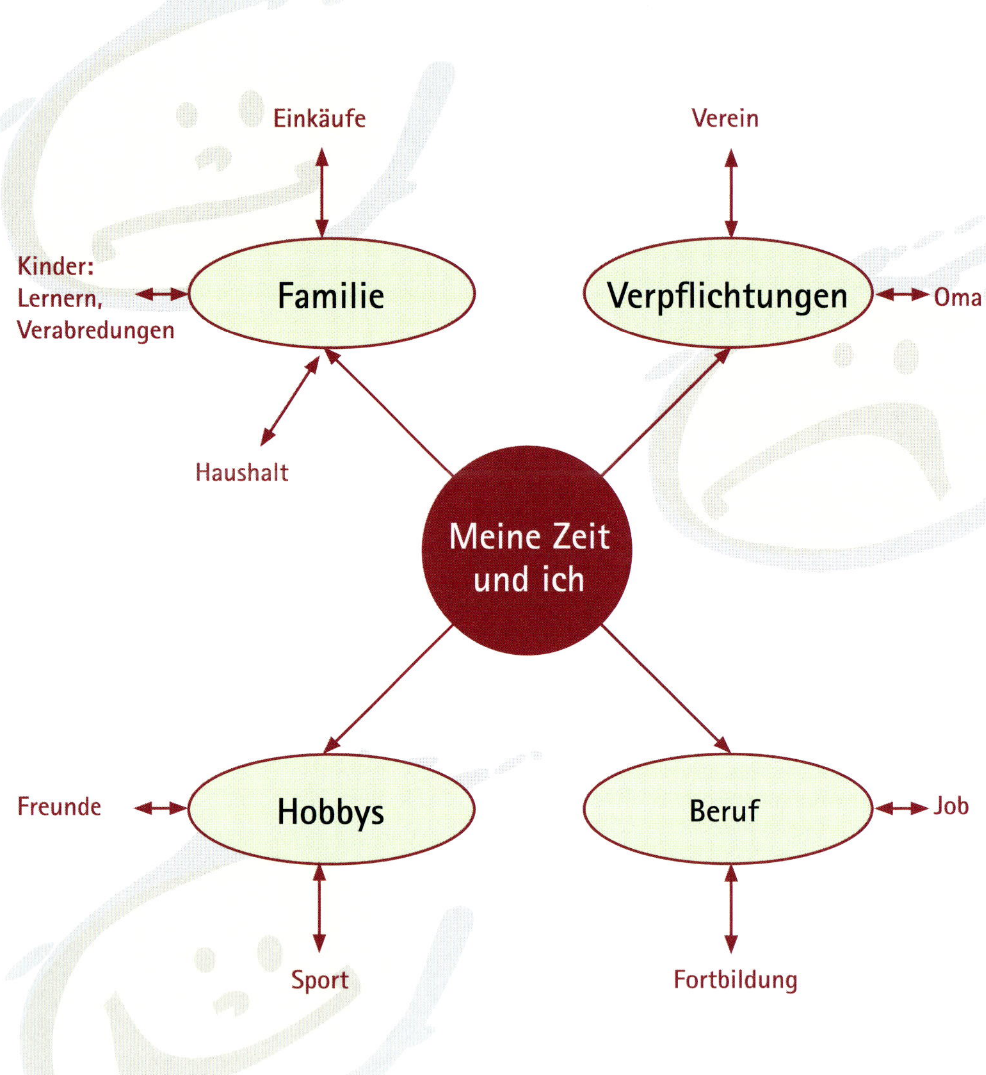
Einkäufe
Verein
Kinder:
Lernern,
Verabredungen
Familie
Verpflichtungen
Oma
Haushalt
Meine Zeit
und ich
Freunde
Hobbys
Beruf
Job
Sport
Fortbildung

Wer tut mir gut?

Gerade, wenn wir sehr gefordert sind und Konflikte lösen sollen, brauchen wir andere Menschen, die uns schätzen, unterstützen und emotional bereichern.

Haben Sie ein tragfähiges, soziales Netzwerk? Haben Sie gute Beziehungen, Freundschaften und nette Kontakte? Wer ist Ihnen eigentlich wichtig? Mit wem können Sie durch Dick und Dünn gehen? Mit wem fühlen Sie sich entspannt und lebenslustig? Mit welchen Menschen verbringen Sie Zeit, ohne dass Ihnen dies wirklich etwas gibt? Vielleicht aus reiner Gewohnheit, vielleicht, weil Sie nicht gut Nein sagen können?

Tipps für ein brainstorming „Meine Beziehungen":

Nehmen Sie sich etwas Zeit und denken über Menschen nach, die Sie kennen. Fragen Sie sich:

- Wer tut mir gut? Mit wem bin ich gern zusammen?
- Von wem fühle ich mich verstanden und akzeptiert?
- Wer bringt mich zum Lachen und dazu, alltägliche Sorgen loszulassen?
- Wer ist auch dann für mich da, wenn es mir nicht gut geht?
- Mit wem bin ich häufig zusammen, habe aber den Eindruck, dass jede Begegnung einen Missklang hinterlässt?
- Wer langweilt mich?
- Von wem fühle ich mich häufig unverstanden und abgelehnt?
- Welche meiner Kontakte sind reine Pflichtkontakte?
- Welche guten Kontakte und Freundschaften sind eingeschlafen, weil ich nie Zeit habe?
- Mit wem wäre ich eigentlich gerne häufiger zusammen?

Zeit können Sie immer nur einmal verbringen, klar, das ist so. Und dennoch machen wir uns das oft nicht genügend bewusst. Wenn wir nie Temine für Freunde finden oder unsere Zeit hauptsächlich mit Menschen verbringen, die unsere Stimmung nach einem anstrengenden Tag vollends drücken – spätestens dann ist es an der Zeit, etwas zu ändern. Sie haben die Wahl. Die Energie und Zeit, die Sie in schwierige, unbefriedigende Beziehungen investieren, fehlt Ihnen für diejenigen Menschen, die Ihnen wirklich etwas geben und für schöne Momente sorgen.

Aufgaben verschenken

Wie oft fragen Sie sich: „Muss ich dies wirklich tun?". Viele Eltern stellen sich erst gar nicht diese Frage, sondern machen alles sofort und selbst. Bei einigen Dingen haben Sie vielleicht recht. Vieles klappt mit Ihnen besser, weil Sie Ihr Kind gut kennen und für Routine im Alltag sorgen. Aber es gibt eine ganze Menge Aufgaben, die Sie auch delegieren könnten.

Haben Sie sich schon einmal eine Liste gemacht? Könnte vielleicht jemand anderes für sie im Supermarkt einkaufen? Könnte das nette Mädchen aus der Nachbarschaft vielleicht einen Stunde mit dem kleinen Geschwisterkind auf dem Spielplatz gehen? Könnte jemand Ihnen im Haushalt helfen?

Oder ist vielleicht die Hausaufgabenzeit zu stressig, dass diesen Job besser eine „neutrale Person" übernehmen sollte?

Wer könnte regelmäßig die Englisch Vokabeln abfragen? Wer könnte die Mathe Aufgaben üben?

Wer delegieren kann, gewinnt Zeit für wichtige Dinge.

Rechnen Sie sich einmal aus, was Ihre Arbeitszeit wert ist, und was Sie bereit sind für eine Hilfe zu bezahlen. Was bedeutet Ihnen eine Stunde gewonnene Lebenszeit.

Übertragen Sie klar abgegrenzte Aufgaben, die Sie vielleicht vorher schon aufgelistet haben. Auch wenn Sie manches schneller und perfekter können. Denken Sie an Ihre persönliche Energiebilanz. Nehmen Sie kleine Fehler nicht krumm.

Werden Sie auch manchmal gefragt, was Sie sich zum Geburtstag wünschen? Probieren Sie doch einmal aus, eine konkrete Aufgabe abzugeben, zum Beispiel die Betreuung Ihrer 2 Kinder für zwei Stunden. Wahrscheinlich freuen Sie sich über einige Stunden Erholung mehr als über jedes andere Geschenk.

>> **Die Mutter von Philipp**
hat bei solchen Gelegenheiten immer eine ganze Kiste mit kleinen Wunschzetteln parat. Wer möchte, kann sich eine Aufgabe aussuchen. Der eine mag vielleicht im Frühjahr einmal ein Nachmittag Unkraut jäten, der andere würde vielleicht gern einmal die Fahrten zum Fußballtraining übernehmen oder, oder...

Fallen Ihnen noch weitere Ideen ein?

Wir wünschen Ihnen viel Spaß und Erfolg beim ausprobieren von verschiedenen Stress-Killern und die Reduktion der Mega-Stressoren. Handeln Sie nach dem Motto:

Eine Reise von 1000 Meilen beginnt mit dem 1. Schritt.

Eltern-Life-Balance heißt: Stress aktiv regulieren und Zufriedenheit gewinnen.

Aktivieren Sie Ihre Ressourcen und finden Sie Ihre effektiven Stress-Killer heraus.

Balance hat viele Gesichter und kann mit unterschiedlichen Strategien erreicht werden. Aus der Lebensqualität- und Glücksforschung wissen wir: Die glücklichen Momente, die Menschen erleben, sind jene, in denen sie das Gefühle haben, endlich einmal selbstbestimmt das zu tun, was ihnen Spass macht, was sie fordert, aber nicht überfordert. Etwas, bei dem sich nicht der Gedanke einschleicht, ich sollte eigentlich etwas anderes machen. Auf was können Sie sich ganz einlassen? Bei einigen ist es Sport, Musikmachen, Wandern, Kinobesuche oder Engagement im Verein. Es muss nicht immer ein Kurs für Entspannungstechniken oder Yoga sein, auch wenn natürlich diese Übungen zu einem schnellen Abbau der Stressreationen führen.

Meine Stress-Killer

Die Fähigkeit, Stress zu regulieren, zu reduzieren, abzubauen und zu bewältigen wird als Stresskompetenz bezeichnet und ist eine der Schlüsselkompetenzen im 21. Jahrhundert. Wer seinen persönlichen Stress managen will, d.h. Stress aktiv regulieren, braucht individuelle, für seine Persönlichkeit passende Strategien. Sie haben jetzt einige Stress-Killer als Beispiele kennengelernt. Sorgen Sie täglich für eine gute Eltern-Life-Balance! Mit viel positiver Energie werden Sie Ihre Herausforderung als Eltern eines ADS-Kindes gut meistern und Sie sind für alle Überraschungen gut gerüstet.

Listen Sie Ihre persönlichen Stress-Killer auf:

Was nehme ich mir vor?	Meine Ideen?	Habe ich durchgeführt

Diese Vorlage für Ihre Notizen finden Sie auf www.opti-mind.de

Ich wünsche Ihnen viel Erfolg als Eltern und Coach Ihres ADS-Kindes und natürlich viele schöne Lebenserfahrungen zusammen mit Ihrem Kind und Partner. Wenden Sie bewährten Strategien zur Lösung von Problemen an und forcieren Sie viele energieaufladende „Wohlfühlmomente". So kann Glück und Zufriedenheit belastende Sorgengefühle verdrängen und vieles klappt dann noch besser.

Weitere Hilfen für Sie:

Auf unserer Homepage www.opti-mind.de finden Sie

- Infos zu dem Aufmerksamkeitsdefizitsyndrom (ADS) in allen Altersstufen
- Vorlagen, Checklisten und Pläne zum kostenlosen Downloaden
- Adressen von Fachleuten, die das ADS-Elterntraining durchführen
- Fortbildungsseminare

Veröffentlichungen und Ratgeber auf www.opti-mind.de zum Bestellen:

Zum ADS-Elterntraining:
Für Eltern:
ADS. Eltern als Coach – Ein praktisches workbook
ISBN 978-3-937003-01-6

ADS. Eltern als Coach – Die DVD zum ADS-Elterntraining
ISBN 978-3-937003-02-3

Für Therapeuten:
ADS. Das Elterntraining – Manual für den ADS-ElternCoach mit Materialien auf CD-ROM
ISBN 978-3-937003-03-0

Zur Unterstützung des ADS-Kindes:
Für ADS-Kinder, Eltern und Pädagogen/Therapeuten:

ADS.TopFit beim Lernen – Bedienungsanleitung für dein Gehirn/Lernstrategien
ISBN 978-3-937003-00-9

ADS aus Sicht der Kinder – Multimedia-Seminar auf CD-ROM
ISBN 978-3-937003-05-4

ADS und Lernprobleme – Multimedia-Seminar auf CD-ROM
ISBN 978-3-937003-06-1

Die CD-ROM „ADS aus Sicht der Kinder" sowie „ADS und Lernprobleme" wurden 2007 beide von der Gesellschaft für Pädagogik und Information e.V. (GPI) mit dem begehrten Comenius EduMedia Siegel ausgezeichnet.

Materialien für das Aufmerksamkeits- und Wahrnehmungstraining
Für Eltern und ADS-Kind:

OptiMind-Training. Das Aufmerksamkeits- und Wahrnehmungstraining für Kinder - Übungen für zu Hause mit Materialien auf CD-ROM
ISBN 978-3-937003-07-8

Für Therapeuten:
OptiMind-Training. Das Aufmerksamkeits- und Wahrnehmungstraining für Kinder - Das ADS-Therapieprogramm mit Materialien auf CD-ROM
ISBN 978-3-937003-08-5